TUDO QUE VOCÊ PRECISA SABER ANTES DE REDUZIR SEU ESTÔMAGO

Adriano Segal
Marcio Mancini

TUDO QUE VOCÊ PRECISA SABER ANTES DE REDUZIR SEU ESTÔMAGO

GUIA COMPLETO DA CIRURGIA DA OBESIDADE

editora brasiliense

Copyright © by Adriano Segal e Marcio Mancini
Nenhuma parte desta publicação pode ser gravada,
armazenada em sistemas eletrônicos, fotocopiada, reproduzida por
meios mecânicos ou outros quaisquer sem autorização prévia da editora.

Primeira edição, 2007

Coordenação editorial e de produção: *George Schlesinger*
Produção editorial e gráfica: *Thiago B. Lima*
Revisão: *Equipe editorial Brasiliense*
Desenhos originais: *Adriano Segal*
Capa e ilustrações finalizadas: *Tadeu Mancini*

Dados Internacionais de Catalogação na Publicação (CIP)
(Câmara Brasileira do Livro, SP, Brasil)

Segal, Adriano; Mancini, Marcio
Tudo que você precisa saber antes de reduzir seu estômago :
guia completo da cirurgia da obesidade / Adriano Segal,
Marcio Mancini.
São Paulo : Brasiliense, 2007.

ISBN 978-85-11-00113-6

1. Estômago - Cirurgia 2. Obesidade -Cirurgia - Aspectos
psicológicos I. Mancini, Marcio. II. Título.

07-6083   CDD-617.43019 NLM-WI 380

Índices para catálogo sistemático:
1. Obesidade : Cirurgia bariátrica : Medicina : Aspectos psicológicos 617.43019

editora brasiliense s.a.
Rua Airi, 22 - Tatuapé - CEP 03310-010 - São Paulo - SP
Fone/Fax: (0xx11) 6198-1488
www.editorabrasiliense.com.br
livraria brasiliense s.a.
Av. Azevedo, 484 - Tatuapé - CEP 03308-000 - São Paulo - SP
Fone/Fax: (0xx11) 6197-0054
livrariasbrasiliense@editorabrasiliense.com.br

*À Débora, que sabe o que quer dizer
"antes tarde do que nunca".*

*À Yumê, ao Capetto e à Bessie,
por falarem muito mais que uuff!*

*Às princesinhas Ana Carolina e Ana Luisa,
por saberem colocar um marmanjo na linha
e por me ensinarem o conceito de amor incondicional.*

Adriano

A Maria Edna, minha vida,

*A Ivete, Sami, Tonho e Manuela,
amados companheiros em todas as horas.*

Marcio

*A George Schlesinger,
por sua espontânea e desprendida colaboração.*

Os autores

*Agradecemos aos pacientes,
nossos verdadeiros professores*

SUMÁRIO

Prefácio · 11

Introdução · 13

1. A obesidade é uma doença grave · 19
2. A cirurgia pode salvar vidas, mas não é milagrosa · 25
3. Nem todo mundo precisa ser operado · 37
4. Existem muitos tipos de operações: uma pode ser melhor para você do que outras · 47
5. Existem riscos nas operações? · 65
6. Você deve escolher muito bem a equipe que vai cuidar de você · 75
7. Os resultados da operação dependem de muitos fatores, inclusive de você · 83
8. Será que você vai precisar de cirurgia plástica? · 95
9. Você não vai enlouquecer por causa da operação · 97

10. O SUS e os convênios devem cobrir esse tipo de
    cirurgia?   109
11. Alguns pacientes contam suas experiências   113
12. Palavras finais   121
Apêndice A: A regulação do apetite   125
Apêndice B: Aprendendo a comer de novo   127
Apêndice C: Hospitais públicos que fazem gastroplastia
    gratuitamente   131
Apêndice D: Portaria do Ministério da Saúde   135
Apêndice E: Resolução CFM 1.766/05   139
Glossário ao Contrário®©™   147
Leituras recomendadas   155

PREFÁCIO

Para escrever bem sobre obesidade – com informações úteis para o leitor e com precisão científica – são necessários três requisitos básicos: experiência com indivíduos obesos, conhecimento profundo sobre o assunto, cultivado em anos e anos de estudos e de convivência com pacientes, e honestidade para discorrer sobre um assunto que com freqüência resvala na charlatanice e no mercantilismo.

Pois os meus queridos amigos Adriano Segal e Marcio Mancini possuem de sobra estas três características.

Tenho a oportunidade de conviver estreitamente com os dois e posso assegurar que eles têm um grande conhecimento sobre os problemas dos obesos e um grande carinho pelos mesmos, o que os torna sensíveis aos seus problemas.

Obesidade – e particularmente obesidade severa – é um problema sério, que afeta profundamente as pessoas que dela sofrem.

O excesso de peso e suas conseqüências – físicas e mentais – tornam a saúde e a qualidade de vida muito ruins. Não é de admirar que mais e mais pessoas com obesidade severa procurem solucionar seu problema sendo submetidas à cirurgia no aparelho digestivo. Sou um defensor intransigente desta conduta em muitos casos, mas é necessário que se selecione muito bem os pacientes e que se saiba o que deve se esperar dessa operação.

Em outras palavras, antes de alguém querer ser operado, é preciso saber tudo sobre a operação e sobre a nova vida – com seus lados bons e seus lados ruins – que o indivíduo vai ter. E o Adriano e o Marcio escreveram um livro precioso, sobretudo acerca do que um indivíduo – e seus familiares – devem saber antes de optarem pela cirurgia.

Digo mais, acho que sua leitura é obrigatória para quem estiver realmente interessado no assunto.

Alfredo Halpern
Professor Livre-Docente da
Faculdade de Medicina da USP

INTRODUÇÃO

*Sempre que penso que estou ficando velho e,
gradativamente, indo para o túmulo, alguma coisa nova acontece.*
ELVIS PRESLEY

Se você está lendo este parágrafo só agora, então ou já é dono deste livro, ou, se ainda não é dono, você está prestes a amassá-lo e terá de comprá-lo nos próximos minutos. Ei! Cuidado com a capa!

Em qualquer dos casos – e até mesmo numa terceira situação, caso tenha ganhado este livro de presente – você deve se enquadrar em um ou mais dos seguintes grupos:

1. Você tem indicação para a cirurgia de obesidade.
2. Alguém lhe disse que acha que você tem indicação para a cirurgia da obesidade.
3. Alguém próximo a você tem indicação para a cirurgia de obesidade.

4. Nenhuma das anteriores, mas você tem problemas variados com seu peso e, mais ainda, acredita em soluções rápidas para a questão.

Gostaríamos de lembrar que o quarto grupo pode ser concomitante aos três primeiros, já que os mitos que cerca o tema da cirurgia da obesidade e a quantidade de informações de qualidade questionável é abundante: pessoas que necessitam de tal cirurgia têm expectativas irreais sobre como os resultados do procedimento são obtidos.

Por isso, em qualquer dos casos este livro poderá ser útil.

Mas, ainda assim, a título de boa fé, lembramos que, se você já sabe que se enquadra apenas no quarto grupo e ainda não comprou nem amassou o livro, talvez você possa investir seu dinheiro em outra leitura. É isso mesmo: NÃO COMPRE ESTE LIVRO!

Como assim, "por que"? Simplesmente porque, ao final do livro, você chegará à conclusão de que não é candidato à cirurgia de obesidade... Coisa que, convenhamos, desde o início você já sabia!

Mas, se você pertence aos primeiros três grupos ou quer se certificar de que não pertence ao quarto, acreditamos firmemente que este livro poderá ser de grande utilidade.

Nossos objetivos durante a elaboração deste breve texto foram desmistificar e vulgarizar[1] o tema, por meio de informações caracterizadas por precisão científica (esta, tendo sempre a primazia) associada à nossa experiência com os procedimentos cirúrgicos e, mais do que isso, com os pacientes.

Em termos de forma, adotamos um estilo leve (mais

---

1 - Vulgarizar, aqui, se refere a espraiar conhecimento científico atualizado, em linguagem acessível ao público não familiarizado com o jargão científico.

ou menos parecido ao que adotamos em nossas consultas) e criamos (com a ajuda conceitual da Brasiliense) o **Glossário ao Contrário**®©™. No texto do livro, só usaremos termos técnicos quando estes forem insubstituíveis (neste caso, sua explicação estará no rodapé da página, como por exemplo "vulgarizar", usado anteriormente). Na maior parte das vezes, usaremos termos coloquiais. Ao final, estes termos (que estarão em itálico no texto) estarão agrupados e traduzidos para o "mediquês", para que você possa "fazer bonito" no consultório do seu médico. Este é o **Glossário ao Contrário**®©™ (um dos autores sugeriu **oiràssolG**, mas foi voto vencido)! E se você não se lembra de onde veio um certo termo, vai perceber que mencionamos o número da página onde ele aparece.

O **Glossário ao Contrário**®©™ vem logo após os apêndices, e ao final do livro indicaremos leituras adicionais para aqueles que desejarem aprofundar os tópicos aqui abordados.

Só para não começarmos o **Glossário ao Contrário**®©™ já na Introdução, vamos explicar duas expressões que vão aparecer no livro e que podem ser meio obscuras para boa parte das pessoas: "cirurgia bariátrica" e "cirurgia videolaparoscópica".

A primeira se refere às cirurgias que serão abordadas neste livro, ou seja, as cirurgias de obesidade. *Baros* em grego quer dizer peso ou pressão. "Barômetro" – aquele instrumento usado para medir a pressão atmosférica – é uma palavra que deriva da palavra grega citada. "Bariátrica" também.

A segunda se refere a uma técnica em que a parede abdominal (a barriga) não é aberta por um corte, em que a visão que o cirurgião tem dos órgãos internos não é direta e sim captada por uma câmera de vídeo e em que os procedimentos cirúrgicos são monitorados externamente através de um monitor de vídeo. É claro que são necessários alguns furos no abdômen para isso, mas não há um corte maior. Há vantagens e desvantagens nas duas técnicas (a chamada "cirurgia aberta", onde há um corte, e a videolaparoscópica, também chamada de "cirurgia fechada").

Um outro ponto que vale ser mencionado nesta introdução: aspectos relativos a convênios médicos e coberturas das cirurgias (inclusive as plásticas corretivas – leia de novo, nós escrevemos **corretivas**) serão abordados, mas de modo mais superficial, já que o objetivo do livro é a tradução de conhecimento médico-científico para uma linguagem acessível. Cabe, ainda, ressaltar que estas operações são cobertas pelo SUS, desde que os critérios necessários de indicação sejam respeitados. Isto faz com que os planos de saúde devam cobri-las também, mantendo-se o mesmo rigor da correta indicação. A cirurgia da obesidade está ao alcance de todos os que realmente precisam dela.

Mais um aspecto que não pode ficar de fora desta introdução: em nenhum momento, qualquer parte deste livro se destina, ou tem a intenção de substituir a opinião do médico que está atendendo você, muito menos substituir consultas e acompanhamento adequados.

Você NÃO vai ficar capacitado a "tocar o barco" por conta própria. Você só terá informações unidirecionais. E informação sem formação é uma fórmula insuficiente. Só para ilustrar: virtualmente, toda a informação do conhecimento humano está na Internet. Mas, sem o "manual do usuário", ela é só um amontoado de dados que pode muito mais atrapalhar do que ajudar.

Assim, para você que virou dono deste exemplar do livro, seja gastando uma parte de seu dinheiro seja na forma de presente, agradecemos sinceramente, desejamos que esta seja uma boa e enriquecedora leitura e garantimos que foi um grande prazer escrevê-lo.

Os autores
Junho de 2007

1
A OBESIDADE É UMA DOENÇA GRAVE

Viver é a coisa mais rara do mundo.
A maioria das pessoas apenas existe.
OSCAR WILDE

Vamos começar do começo: se você é realmente obeso, sabe disso sem precisar fazer contas. Mas você vai precisar fazer contas para avaliar o impacto que o excesso de peso causa na sua vida. Até porque nem sempre excesso de peso é obesidade ou põe sua saúde em risco.

Há vários métodos para avaliar o grau de obesidade, mas vamos citar um instrumento bem simples e familiar, que é o IMC (índice de massa corporal). Pegue o seu peso (em quilos) e divida pela sua altura (em metros). Divida o resultado dessa conta novamente pela sua altura (peso/altura^2). O valor considerado saudável é de 18,5 a 24,9. A partir de 25, existe excesso de peso; a partir de 30 pode-se chamar de obesidade.

Usando o IMC a obesidade pode ser dividida de

acordo com o risco para a sua saúde, em graus que vão de 1 a 3. Dê uma olhada:

Valor do IMC	Grau de obesidade
30 a 34,9	1
35 a 39,9	2
40 ou mais	3

Estes números não foram definidos ao acaso. A partir do IMC de 25, quanto maior o valor, maior a presença de doenças físicas e mentais e de outros problemas associados ao excesso de peso.

Dentre essas doenças, algumas são bem conhecidas: *aumento da pressão*, da *glicose*, das *gorduras* no sangue e redução do *colesterol bom*. O conjunto destas alterações recentemente tem sido chamado de "síndrome metabólica": uma bomba-relógio que pode levar a *enfartes*, *derrames* e *tromboses*. O pior é que essa bomba-relógio está sendo ligada cada vez mais cedo: a cada dia que passa as crianças estão ficando mais e mais obesas, e em idade cada vez mais precoce.

> *IMC é o índice de massa corporal, que define o seu grau de obesidade. Divida o seu peso, em quilos, pela sua altura, em metros. Depois, divida o resultado novamente pela sua altura. E verifique na tabela o seu grau de obesidade. Se o resultado for maior do que 30, você pode se considerar obeso.*

Mas essas são apenas as doenças mais conhecidas e comuns. A gordura em excesso se acumula pelo corpo todo e vai causando problemas, já que ela é "clandestina" e indesejável na maioria dos órgãos. Isso mesmo! Hoje sabemos que o obeso tem gordura acumulada no coração, entre as fibras musculares, dentro dos músculos, no meio da parede dos vasos e na maioria dos órgãos importantes como fígado, pâncreas e rins. Além dos riscos de doenças do coração causadas pela pressão alta, ou por gorduras e açúcar elevados no sangue, essa gordura pode causar doenças no coração pela sua própria presença, podendo provocar arritmias (alteração do ritmo de batimento cardíaco normal) e até *dilatação do coração*. A *gordura no fígado* pode levar a uma inflamação do órgão, com elevação de *enzimas hepáticas*, que sinalizam a existência de uma agressão contra o órgão. A gordura em excesso no fígado torna o órgão aumentado de tamanho e amarelado, podendo levar a sua *atrofia*, da mesma forma que o álcool e os vírus da hepatite. A obesidade pode levar à formação de *pedras na vesícula*, que podem implicar *remoção cirúrgica* da mesma. Muita gordura na *barriga* pode provocar *queimação no estômago e no peito* pelo aumento da pressão *dentro da barriga*, o que faz com que o *ácido produzido no estômago suba pelo esôfago*.

> A gordura em excesso se acumula pelo corpo todo e vai gerando problemas e doenças de todo tipo, já que ela é uma "clandestina" indesejável na maioria dos órgãos. O fato de não ter doença por causa da obesidade hoje, não impede você de desenvolvê-la na próxima semana.

A *apnéia* é uma doença grave, freqüentemente não reconhecida. Excesso de gordura no pescoço causa o fechamento da faringe, causando *apnéia*. As apnéias podem ocorrer centenas de vezes durante uma noite de sono, entre roncos altos, causando queda de oxigenação no sangue e aumento da pressão (também na circulação nos pulmões), com conseqüentes problemas cardíacos. A qualidade do sono fica prejudicada e por isso ocorre sonolência durante o dia, com aumento de riscos de acidentes de trânsito e diminuição do rendimento no trabalho. Na maior parte dos casos, a perda de peso conduz à normalização do quadro.

O mesmo se dá com a asma, que é mais freqüente em obesos, mas que também pode ser melhorada com a perda de peso.

Alguns tipos de câncer são mais comuns em pessoas obesas. É o caso dos tumores de mama, de útero, de próstata, de fígado, de vesícula biliar e de intestino.

Mulheres obesas têm maior dificuldade de engravidar e risco aumentado na gravidez devido a *aumento de pressão* e diabetes. Abortos espontâneos e malformação do feto são mais comuns, e o desempenho durante o parto costuma ser pior. E ainda mais: torna-se bem maior a chance de o filho desenvolver obesidade!

Em pessoas obesas são mais comuns os *problemas de pele* – micose nas dobras, calos nos pés, estrias, entre outros. Além disso, são mais comuns também as *dores nas juntas*. O joelho e a coluna são as partes mais agredidas por causa do peso que são obrigadas a sustentar.

> *Excesso de gordura no fígado pode causar a atrofia do órgão. Excesso de gordura no pescoço pode causar fechamento da faringe e dificuldades respiratórias e circulatórias, além de problemas cardíacos.*

Como você pode ver, realmente não vale a pena ser obeso. O aparecimento das doenças depende do grau de excesso de peso, mas também do tempo que esse excesso perdura e da predisposição de cada indivíduo. Por isso, não existe garantia nenhuma, e o fato de não ter a doença hoje não protege a pessoa de desenvolvê-la na semana seguinte.

> *Alguns tipos de câncer são mais comuns em pessoas obesas: tumores de mama e útero, próstata, fígado, vesícula biliar e intestino.*

2

A CIRURGIA PODE SALVAR VIDAS, MAS NÃO É MILAGROSA

> *Eu não sou normalmente alguém que ora,*
> *mas se você estiver aí em cima,*
> *por favor me salve, Super-homem[2].*
> HOMER SIMPSON

Muita gente acha que a cirurgia da obesidade é milagrosa. De repente a gente vê uma pessoa que pesava 120 quilos com 80 e imagina que isso foi à custa de sacrifício zero.

Isso não é verdade, mas, com o intuito de nos certificarmos de que o título deste capítulo estava correto, no dia 07 de fevereiro de 2007, entramos nos seguintes endereços na Internet

HTTP://HOUAISS.UOL.COM.BR/BUSCA.JHTM?VERBETE=MILAGRE
HTTP://HOUAISS.UOL.COM.BR/BUSCA.JHTM?VERBETE=MILAGROSO

---

2 - (N. do E.) Em virtude das numerosas reformas da língua portuguesa, muitas vezes a forma aqui empregada não condiz com as mais recentes determinações ortográficas. Como se trata de um livro destinado ao grande público, optamos por utilizar as formas mais consagradas e populares, muitas vezes de mais fácil leitura, como por exemplo, em super-homem ou pós-operatório.

Ambos pertencem ao *Dicionário Houaiss da Língua Portuguesa*, disponibilizado no servidor UOL, no link HTTP://BIBLIOTECA.UOL.COM.BR.

De lá copiamos as respectivas definições de **milagre** e **milagroso**.

Dê uma lida:

1. **MILAGRE**

Datação

sXIII cf. FichIVPM

Acepções

● **substantivo masculino**

1 ato ou acontecimento fora do comum, inexplicável pelas leis naturais Ex.: milagres da Virgem ; 2 acontecimento formidável, estupendo Ex.: m. da medicina; 3 evento que provoca surpresa e admiração

Ex.: é um m. que tenha passado no concurso; 4 Rubrica: história do teatro: tipo de drama medieval edificante, baseado na vida dos santos e seus milagres Obs.: cf. mistério e moralidade; 5 Rubrica: religião: qualquer indicação da participação divina na vida humana; 6 Rubrica: religião: indício dessa participação, que se revela esp. por uma alteração súbita e fora do comum das leis da natureza; 7 Regionalismo: Brasil: objeto de madeira ou cera, freqüentemente, a reprodução de uma parte do corpo, oferecido aos santos em cumprimento de uma promessa; 8 Regionalismo: Brasil: representação pictórica legendada do fato que originou a promessa, oferecido aos santos como pagamento de seu cumprimento

Etimologia

lat. miracùlum,i 'prodígio, maravilha, coisa prodigiosa, extraordinária'; ver mir-; f.hist. sXIII miragres, sXIV milagre, sXIV melagre, sXIV millagre, sXIV mjlagre, sXV milagros

Coletivos

milagraria

2. MILAGROSO

Datação
sXV cf. FichIVPM

Acepções
• **adjetivo** 1 que realiza milagres; 2 que é tido como fazedor de milagres; 3 fora do comum; extraordinário, maravilhoso

Etimologia
milagre + -oso; ver mir-

Sinônimos
miraculoso; ver tb. sinonímia de admirável e sobrenatural

Antônimos
comum, vulgar

Chegamos à conclusão de que o título estava correto sim, apesar da segunda definição de **milagre** (ao lado). Ela não se aplica ao dia-a-dia da medicina e sim a casos de evolução excepcional. Aliás, se milagres fossem freqüentes, eles não seriam milagres.

Tentaremos ao longo deste livro, e especialmente ao longo deste capítulo, demonstrar o porquê disto.

Como dissemos no capítulo anterior, quanto mais obeso for o indivíduo, maior a chance de complicações aparecerem, inclusive morte. Um indivíduo jovem com IMC maior do que 40 tem uma chance de morrer por qualquer causa de saúde 12 vezes maior do que um indivíduo não obeso do mesmo sexo e com a mesma idade e altura. Impressionante e real.

> *Milagre é uma palavra que não se aplica ao dia-a-dia da medicina. Aplica-se apenas em raríssimos casos de evolução excepcional.*

Por outro lado, é sabido e indiscutível que a perda de peso voluntária está associada à melhora de uma série de parâmetros medidores de saúde, e com a melhora da qualidade de vida como um todo.

Porém, indivíduos com IMC maior do que 40 submetidos a uma redução significativa de seu peso mediante tratamentos clínicos têm uma chance de apenas 5% de permanecerem emagrecidos por um período de 2 anos. Provavelmente, se espicharmos o prazo para 5 ou 10 anos, esta porcentagem cairá para quase zero.

Por isso, em pacientes que estejam nesta faixa de IMC, a cirurgia é considerada por muitos como primeira escolha em termos de tratamento, já que ela permite a manutenção de peso mais baixo por período de tempo muito maior. Há mais indicações para a cirurgia, calma. Nós vamos discuti-las no próximo capítulo.

É neste ponto da leitura que idéias não necessariamente erradas, mas que podem ser muito perigosas se descontextualizadas, começam a pipocar:

- Ué, então porque que eu não faço logo a cirurgia? Esse médico está me enrolando.
- Eu não tenho mais de 40 de IMC, mas meu peso sempre volta depois que páro meu tratamento de excesso de peso. Não é melhor ir logo pra cirurgia?
- É óbvio que se meu estômago ficar pequeno, vou perder todo o peso que preciso e nunca mais vou ganhar de volta: vou comer como um magro!
- Vai ver que com os regimes e com as *"bolas"*, eu perco peso. Com a cirurgia, eu elimino! Quem perde, encontra... melhor eliminar! Viva a cirurgia!
- Vi na TV que tem um tipo de cirurgia que, se eu fizer, vou poder comer o que quiser e continuar magro!

> *Pessoas com IMC superior a 40 que emagrecem significativamente por causa de tratamento têm uma chance mínima de permanecer magros por mais de dois anos. Por isso, a cirurgia acaba sendo necessária na maior parte das vezes.*

Além dessas idéias, conceitos pouco esclarecidos como "perda de peso média", "perda esperada do excesso de peso", "limites da cirurgia", ficam meio nebulosos, pendendo ou para o derrotismo aterrorizado ou para o ufanismo delirante. Nos capítulos seguintes, abordaremos essas questões com mais detalhes.

Isto ocorre por causa da idéia alarmante de milagre!

É isso mesmo: se eu depender de um milagre (evento extremamente raro, como mencionamos) para atingir qualquer meta, a incerteza e a pequena chance de que isso ocorra me coloca numa posição muito frágil e perigosa. É como comprar um supercarrão hoje contando com a mega-sena da semana que vem! Vou ter sentimentos concomitantes de prazer, devaneio, invulnerabilidade, terror, culpa e, finalmente, de uma terrível solidão.

Veja só: eu posso me entregar (no sentido mais rasgado e inadequado do termo) ao médico, que viraria responsável por tudo na minha vida a partir deste momento (o médico, neste caso, fará o papel do Curandeiro bom, o mestre da pajelança). Ou então, se o que estou ouvindo não me satisfaz, posso evitar qualquer conversa a respeito, acreditando que o médico é o Dr. Charles Latão, a serviço do Mal, e que, portanto, qualquer conhecimento que dele provenha implicará na minha danação eterna e também em...

Senhores autores: chega de metáforas megadramáticas!
Nós queremos dados.
Seria pedir demais?

OK. Não seria pedir demais, não. Vamos a alguns dados:

1. No perído pré-operatório, a expectativa de perda de peso após a cirurgia deve ser realista. Ninguém vai virar top model de uma hora para outra (e, provavelmente, nunca). Muitas pessoas passam de obesos mórbidos grau 3 para obesos grau 1 (ver tabela no capítulo 1). Outros entram na faixa do sobrepeso. Somente alguns poucos indivíduos acabam normalizando o peso corporal.

2. Oito em cada dez pacientes referem melhora significativa de sua qualidade de vida.

3. A quase totalidade das doenças associadas à obesidade melhora muito com a perda (não necessariamente normalização) de peso. Algumas destas doenças, especialmente o diabetes, as alterações do colesterol e a *apnéia* podem mesmo desaparecer.

4. Bons resultados de curto, médio e longo prazo são obtidos quase que exclusivamente em pacientes que se dispõem a *fazer o tratamento* **vitalício** *adequadamente.*

5. A taxa de maus resultados ou falha terapêutica é de aproximadamente 20%. A falha terapêutica é definida como perda menor do que 20% do excesso de peso.

6. Complicações e efeitos adversos atingem até 75% dos pacientes. Ainda bem que, na sua maioria, são coisas

simples de serem prevenidas e/ou resolvidas. Calma, não solte rojões ainda: dissemos "maioria" e não "totalidade". Algumas complicações são extremamente graves, difíceis de serem resolvidas, porém, mesmo aqui, uma boa parte é facilmente evitável. Na pior das hipóteses, às vezes é necessária uma operação para corrigir problemas que podem ocorrer depois de cirurgias abdominais, como *hérnias internas*, aderências ou *entupimento intestinal*.

7. Há também casos de reoperação (isso mesmo, você pode "ir para a faca" de novo) em todas as técnicas. Esta reoperação pode ser destinada a corrigir erro técnico, a diminuir ou aumentar a restrição volumétrica, a diminuir ou aumentar o desvio do intestino[3]. Estas indicações serão feitas após um balanceamento entre efeitos desejados e efeitos adversos em pacientes que, por uma ou por outra razão, *não estão indo bem depois da cirurgia*. Pode também acontecer a conversão cirúrgica de uma técnica para outra, caso se chegue à conclusão que esta é a única saída possível.

8. Maus resultados incluem perda insuficiente de peso, não correção das doenças associadas, estados de má nutrição em graus variados e ausência de melhora da qualidade de vida.

9. A taxa de mortalidade *logo após a cirurgia* é de aproximadamente 0,5% em centros especializados.

> *Pouca gente consegue normalizar o peso depois da operação. Por isso, as expectativas precisam ser realistas.*

---

[3] - Com exceção das operações puramente restritivas (banda gástrica ajustável e gastroplastia vertical) todas as técnicas terão um componente maior ou menor de desvio do intestino, que leva a má absorção dos nutrientes, daí a necessidade de suplementação vitamínica pelo resto da vida (ver adiante).

Bom, agora que você desistiu de fazer a cirurgia (necessário que se diga: você pode desistir até ser anestesiado no dia da operação), vamos voltar a pensar com clareza.

Todos os itens acima são dependentes, em maior ou menor grau, de suas ações. A ordem em que os colocamos é inversamente proporcional à importância do seu papel na história, ou seja, no item 1 seu papel é primordial e no item 9, ele é muito menor. Mas não é igual a zero...

Queremos dizer que seu papel é ativo, não passivo. Você não será um figurante no filme "Os Resultados da Minha Cirurgia". Você divide os créditos de ator principal e diretor com a equipe.

Agora, se realmente você achava que não existiam dificuldades ou se você achava que só existiam dificuldades, sugerimos maior reflexão de sua parte.

Quase todas as doenças associadas à obesidade melhoram com a perda de peso. Algumas podem mesmo desaparecer.

Acabou o capítulo?

Não.

Temos que falar também das pessoas que, afoita e sinceramente, dizem e juram: "Nossa, claro que sim. Vou fazer tudo direitinho. Você acha que eu me submeteria a isso pra fazer tudo errado, doutor?".

Por que estas pessoas mentem descaradamente?

Mas... Elas mentem pura e simplesmente? Ou se defendem?

O indivíduo candidato à cirurgia bariátrica é um sujeito que sofreu muito antes de chegar à cirurgia em si.

Você só não sabe disso se não for realmente um candidato verdadeiro...

Ele não agüenta mais indiretas, não agüenta mais o padrão estético tirânico, não agüenta mais não poder comer em restaurantes sem ser fuzilado por olhares do tipo "não-é-a-toa-veja-como-come", não agüenta mais saladas com salada de acompanhamento, pouco carboidrato, muito carboidrato, lua, abacaxi, sopa...

Não agüenta mais promessas risonhas, não agüenta mais "novos tratamentos", não agüenta mais suquinhos emaciados de celebridades rápidas nem aparelhos de ginástica televisivos fáceis de guardar e com uma incrível vocação para se transformar em cabide.

Não agüenta mais o peso indo embora lenta e dificultosamente, e voltando rápida e cruelmente. Não agüenta mais ser discriminado, não agüenta mais broncas de profissionais de saúde que não sabem lidar com os próprios limites.

Não agüenta mais o monte de remédios que tem que tomar para a grande quantidade de doenças associadas.

Não agüenta mais sua rotina existencial fortemente estigmatizada.

Submetido a tal grau de pressão e doença, qualquer um que quisesse e se defrontasse com uma chance real de tratamento sério e efetivo diria quase qualquer coisa para se submeter a tal tratamento.

Você já não preencheu cupons onde tinha que dizer que tal marca é a que é a mais legal para concorrer a uma viagem para algum lugar bacana? Mesmo que você nem gostasse tanto assim da tal marca? Pois é. E, neste caso, a necessidade não era tão vital assim. Aqui, você faria quase qualquer coisa, não é? Isso não é bom, acredite!

> *Pode existir necessidade de uma nova operação quando os resultados não forem satisfatórios: perda insuficiente de peso, manutenção de doenças associadas ou estados de má nutrição.*

Bom, o que fazer com esta situação, então?

Primeira coisa: a postura "Nossa, claro que sim. Vou fazer tudo direitinho. Você acha que eu me submeteria a isso pra fazer tudo errado, doutor?" não deve ser encarada como uma verdade perene (nem pelo paciente nem pelo médico) e, sim, como **a única verdade possível ao paciente naquele momento**. O profissional deve saber relativizá-la[4].

Apesar de ser compreensível e até justa, esta postura é perigosa, pois assim que a "dor" passa, o cuidado com a causa da dor diminui. Só que em doenças crônicas e na área da cirurgia de obesidade em particular, se o cuidado diminuir, as conseqüências graves aparecerão. Isto nos leva à...

Segunda coisa: é papel do profissional saber disso e avisar que isto está acontecendo, de modo firme, mas receptivo e empático. Isto pode ser feito em reuniões periódicas com pacientes, em consultas, em telefonemas proativos (as equipes entram em contato independentemente dos contatos feitos ou não pelo paciente).

Terceira coisa: é fundamental que o paciente se responsabilize também. Além do aspecto legal, esta tomada de responsabilidade é também terapêutica na medida em que tira o sujeito da posição em que foi coloca-

---

4 - Infelizmente, vários profissionais ainda hoje acham que o paciente é só um mentiroso e, para "provar" isso, usam este mecanismo de defesa como exemplo, ou seja, quando o paciente falha em alguma coisa o profissional diz: "Eu sabia que era mentira".

do pela avalanche de bobagens cuja mensagem final sempre é: "é bem fácil, você é que não fez direito". Um bom instrumento para tal são termos de consentimento bem completos que incluem estes aspectos. Esses termos são documentos assinados, em que o paciente declara estar informado sobre os riscos inerentes ao procedimento e se compromete a providenciar um acompanhante e tomar as atitudes necessárias.

Da mesma maneira, o cirurgião deve oferecer uma descrição detalhada da técnica empregada na operação ou uma cópia do relatório cirúrgico para o paciente. Se isto não acontecer, você pode pedir a ele sem constrangimentos. Isso é muito importante porque, como você verá adiante, existem diferentes técnicas.

> *O paciente deve assinar um termo onde declara estar ciente dos riscos e se compromete a adotar uma conduta compatível com as exigências da cirurgia.*

Agora acabou?

Quase. Vamos fazer só um resumo, já que julgamos que as questões abordadas neste capítulo são fundamentais.

1. Não é boa estratégia contar com milagres na área médica. A medicina se utiliza de vários ramos da ciência humana para não ter que contar com eventos extremamente raros..

2. É péssima estratégia acreditar que a solução é simples. Ela não é, não. Se o problema é complexo, a solução costuma ser complexa também. Você conhece exceções? Nós também. Mas elas não são suficientes para transformar isso em regra. De todo modo, isso não se aplica à obesidade.

3. Mas, se você é um consumidor de promessas mágicas, saiba que você é co-responsável pelo preconceito ao qual você é submetido; se você ratifica que a solução é simples, você ratifica que não fez nada por você mesmo. E isso é uma mentira, mesmo que você acredite nela! E aí, não se pode exigir muito dos outros.

4. Quanto à cirurgia, ela não foge a esta regra: ela tem grandes, enormes chances de dar certo, mas isso dependerá do binômio "**equipe multidisplinar-você**".

5. Se você estiver "no desespero", jogue aberto com a equipe. Deve dar certo e melhorar o vínculo entre vocês. Por outro lado, se não der certo, se você se sentir castigado, pressionado, desrespeitado ou simplesmente não se sentir à vontade, tente entender o porquê: se por insegurança sua, por não querer acreditar nos argumentos da equipe ou por estar com uma equipe que não se ajusta às suas necessidades. Neste caso, pode valer uma segunda opinião.

Agora acabou. Vamos para o próximo capítulo, que estamos apenas começando... Força!

> *Atenção! Muitos dos resultados a longo prazo dependem, em maior ou menor grau, do comportamento do paciente. Ou seja, o segredo é a dobradinha "**equipe-você**".*

3

NEM TODO MUNDO PRECISA SER OPERADO

Você perde cem por cento das tentativas que nunca faz.
WAYNE GRETZKY

Bom, se a cirurgia não é milagrosa, e se a gente precisa se informar direito e tomar muito cuidado, a pergunta é:

Então, para quem a cirurgia é realmente recomendada?

Vamos começar pelo mais fácil: existem casos nos quais ela não é recomendada?

A resposta é um sonoro **SIM**. Existem diversas situações em que a cirurgia não é recomendada, e em algumas delas aconselha-se mesmo evitá-la. Quais são essas situações?

Primeiramente, a cirurgia não é recomendada, como regra, para pessoas idosas. Por que? Simplesmente porque o risco de qualquer cirurgia para pessoas idosas é sempre maior. Considerando que a obesidade é um dos fatores capazes de reduzir significativamente a expectativa de vida de uma pessoa, dificilmente alguém chegará a uma idade avançada portando uma obesidade que justifique os riscos de uma cirurgia. No máximo, poderá estar um pouco gorda, mas isso não é motivo para operar. Devemos sempre nos lembrar que a opção pela cirurgia, como tantas outras coisas na vida, e principalmente na medicina, deve ser determinada pela relação **risco/benefício**, e em idosos, na maioria das vezes, os riscos não se justificam. Só para constar: a taxa de óbitos em pacientes idosos pode chegar a 20% como conseqüência da cirurgia (considerando o período de até 30 dias após a operação), dependendo da experiência do cirurgião.

Além disso, indivíduos idosos são mais propensos a ter o *esôfago mais fraco*, bem como a uma *redução da massa óssea*, condições que podem ser agravadas após a cirurgia.

Certas condições anatômicas podem aumentar o risco cirúrgico. Manipulações cirúrgicas na região gastrintestinal podem dificultar algumas das técnicas ou o acesso por videolaparoscopia, pela presença de aderências.

A presença de varizes esofágicas e gástricas (que podem ocorrer em sujeitos com fibrose hepática) contraindica a cirurgia.

Algumas doenças de sistemas importantes podem prever a existência de risco cirúrgico ou anestésico inaceitável, de modo que também é contraindicação a presença de *falência* cardíaca, hepática, pulmonar ou renal.

Ressaltamos que cada um desses casos deve ser avaliado de forma individual e criteriosa.

Outra situação em que a cirurgia não é aconselhada é quando se trata daquilo que chamamos de "cirurgia exclusivamente cosmética". O que vem a ser isso? Imagine uma pessoa vaidosa de 1,65 m, que pesa 80 kg, e sem doenças associadas. É uma situação em que qualquer clínico responsável aconselhará algum outro tipo de tratamento não-cirúrgico: dieta, exercícios e, às vezes, medicamentos. Mais uma vez é um caso em que não só os riscos, mas todos os cuidados posteriores, não justificam o procedimento. Quando falamos dos cuidados posteriores, e vamos abordar isso num capítulo mais adiante, não nos referimos apenas aos cuidados pós-operatórios. Como veremos, a pessoa que passa por uma das cirurgias da obesidade vai precisar ter cuidados – e também acompanhamento médico – para o resto da vida. Assim sendo, será que vale mesmo a pena?

Existem algumas pessoas que cismam que querem operar, e pronto! Elas chegam a engordar de propósito (!) para terem justificativas para si mesmas e para os outros (principalmente os médicos e os planos de saúde) para fazer a cirurgia. Nem pensar!

Há mais algumas circunstâncias, em adultos, que podem impedir a operação, pelo menos por um tempo: pessoas com quadros psiquiátricos graves (saiba que toda equipe deve incluir um psiquiatra – vamos detalhar isso num próximo capítulo) e pessoas pouco aderentes a tomar remédios (lembre-se também: quem passar pela cirurgia vai precisar tomar medicamentos e suplementos vitamínicos para o resto da vida).

> *A cirurgia não é aconselhada quando for exclusivamente "cosmética". Nesse caso outros tratamentos são recomendados: dieta, exercícios e, se necessário, medicamentos.*

Bom, e depois de verificar que eu não me enquadro em nenhum desses casos, como saber se devo operar?

Não existe uma unanimidade no que se refere à necessidade (ou recomendação) de uma das cirurgias da obesidade, especialmente nos casos mais leves. Existem indicações aceitas, indicações em estudo e, como vimos um pouco antes, até mesmo não indicações. Essas indicações variam de país para país, o que se reflete claramente na aceitação ou não da cirurgia por parte do sistema de saúde pública e dos planos de saúde privados. No Brasil, como veremos, estamos bastante avançados.

Além disso, às vezes existem discordâncias entre os clínicos (ou endocrinologistas) e os cirurgiões. Normalmente, os primeiros preferem tentar antes os tratamentos clínicos, e só recomendam cirurgia se a pessoa não responde a esse tratamento, após certo número de anos de tratamento ineficaz. Já os cirurgiões podem recomendar a cirurgia se a pessoa tiver um IMC superior a 35 e quiser ser operada. Porém, para isso, é necessária a presença de doenças associadas. Veja as recomendações oficiais no Apêndice D.

E o que eu tenho a ver com isso? Vamos ao que interessa! Afinal, quem pode e quem deve ser operado?

Como temos lido até agora, a cirurgia é um recurso para tratar um quadro que se chama obesidade grave. Lembre-se que é necessário um IMC superior a 30 para entrar na faixa de obesidade. Geralmente os clínicos consideram a necessidade de cirurgia para um IMC superior a 40, com ou sem as doenças que podem ser originadas pela obesidade (diabetes e doenças cardíacas, por exemplo). Se você quiser saber mais detalhes, veja as Leituras Recomendadas. De qualquer modo, as indicações são:

IMC ≥ 40
IMC ≥ 35 com doenças associadas

Em ambos os casos, deve ser um quadro resistente a tratamento clínico.

Além disso, também parecendo óbvio mas não sendo, a pessoa precisa **querer** (ou, no mínimo, estar **disposta a**) enfrentar a cirurgia. Não adianta alguém ter 160 kg e ficar dizendo "estou com medo! não quero!". O sujeito precisa, antes de tudo, estar convencido de que a cirurgia é sua opção pessoal, além de ser a opção de seu médico.

As raras situações com pacientes adultos – vamos falar da obesidade infantil e juvenil um pouco mais adiante – em que se recomenda a cirurgia sem a anuência do paciente, é quando, por algum motivo, ele não tem condições de assumir responsabilidade pelas suas decisões (por exemplo, num caso de limitação intelectual) e a obesidade estiver colocando em risco a sua vida. Nesse caso, a família pode assumir essa responsabilidade e a cirurgia poderá ser realizada. Mas só se a família assumir os compromissos que normalmente são exigidos dos pacientes, incluindo o acompanhamento rigoroso nos pós-operatório.

> *A obesidade mórbida muitas vezes está associada a uma tendência genética a ganhar peso desde a infância.*

Quando a cirurgia é, mais do que recomendada, indicada, necessária?

Repetindo: naqueles casos que costumamos chamar de **obesidade mórbida**, aquela obesidade que, além de resistir a todos os tipos de tratamento, facilita o surgimento de uma série de doenças e pode chegar a colocar a vida do paciente em risco. O obeso mórbido muitas vezes tem uma tendência genética a ganhar peso, freqüentemente desde uma idade precoce. É obeso mórbido o indivíduo com IMC a partir de 40.

Obesidade na infância e adolescência

Falando em idade precoce, chegou a hora de falarmos um pouco sobre obesidade infantil. A partir de que idade a obesidade começa a se manifestar numa criança? Quando devemos considerá-la obesa? A partir de que idade pode-se considerar a possibilidade de cirurgia para uma criança ou jovem obeso?

Bem, uma coisa de cada vez. Com exceção de alguns casos genéticos raros, nos quais a criança já demonstra uma voracidade incomum nos primeiros meses de vida (mas, atenção: são **raros**!), a grande maioria das crianças obesas vão engordando ao longo da infância como resultado dos hábitos alimentares que propiciam isso.. Esses hábitos muitas vezes já se encontram na própria casa, sendo compartilhados por toda a família – e nesse caso, muitas vezes toda a família apresenta obesidade. Mas, em outros casos, esses hábitos podem se desenvolver a partir da idade em que a criança entra na escola e passa a ter uma relativa independência nas escolhas. Não vamos nos esquecer que as cantinas escolares, associadas ao bombardeio da televisão, constituem um verdadeiro "paraíso" para a ingestão de alimentos gordurosos, bebidas adoçadas e outras substâncias capazes de gerar obesidade.

E não se esqueça: os adultos e as crianças se movimentam cada vez menos. Pronto! É um prato cheio! (Ops...!)

> Na maioria das vezes as crianças engordam em conseqüência dos seus hábitos alimentares, sejam os adquiridos em casa, sejam os que adquirem na escola quando passam a ter a possibilidade de escolher. As cantinas escolares são verdadeiros paraísos de substâncias capazes de provocar obesidade. Assim como as despensas de alguns lares...

Assim sendo, cabe a pergunta: quando a criança passa a ser considerada obesa? E mais: quando a cirurgia deve começar a ser considerada uma opção aceitável?

A maneira mais usada para estabelecer a presença de obesidade na infância e adolescência é o uso de gráficos de IMC ajustados para sexo e idade (isso porque o IMC normal pode variar de acordo com a idade). Outro modo é avaliar a proporção entre peso e altura nas curvas de peso e altura para sexo e idade (aquelas que o pediatra usa para avaliar o desenvolvimento). Se a criança está na média para a altura, deve estar também na média para o peso.

A cirurgia mais precoce de que temos notícia no Brasil foi realizada numa criança de nove anos. Porém, os critérios para efetuar a cirurgia em criança ainda são tema de reflexão e discussão. Os fatores que devem ser considerados são biológicos, psicológicos e sociais: um adolescente de mais de 100 kg, com dificuldades de se socializar, sempre deslocado entre seus colegas de classe numa época em que a socialização é fundamental, é sério candidato à cirurgia. Alguns consensos estabelecem um IMC maior que 50 e uma estatura 95% da prevista, para operar um adolescente. Por outro lado, é preciso ter certeza de que seu crescimento não será prejudicado – para isso recomenda-se um exame e *raios-X de mãos e punhos* do adolescente: se estiver perto da maturidade, não há problema em operar.

É interessante lembrar também que indivíduos obesos têm uma tendência a entrar na adolescência mais cedo (acredita-se que um dos possíveis "gatilhos" da adolescência seja o peso). De qualquer maneira, algumas coisas são fundamentais: a criança (ou adolescente), como qualquer adulto, deve estar disposta a fazer a cirurgia, os pais precisam autorizá-la e a situação deve ser examinada com extremo cuidado e atenção, como aliás em qualquer caso. Um dos dogmas que regem a conduta de um médico responsável é:

CADA CASO É UM CASO!

Essa norma, aliás, não vale apenas em casos de obesidade infantil. Vale sempre!

No extremo oposto da obesidade que acompanha a pessoa desde a infância, estão os casos de obesidade súbita. Será que isso existe?

Em algumas circunstâncias, pessoas que não são obesas podem desenvolver obesidade repentinamente. Alguns exemplos: um problema psiquiátrico, como em alguns tipos de depressão, em que a pessoa apresenta um aumento do apetite, ganhando peso rapidamente. Ou pode engordar como resultado de alguma medicação, como por exemplo o uso sistemático de corticóides por causa de asma ou algum problema similar. Existem também mulheres que engordam em demasia durante a gravidez (conhecemos um caso de uma mulher que ganhou 100 kg antes de dar a luz a gêmeos!) e depois, obviamente, não conseguem voltar ao peso pré-gravidez.

Todos esses são casos que precisam ser cuidadosamente examinados e a norma é que se experimente um tratamento clínico antes de se considerar a cirurgia. Obviamente cada paciente responderá de forma diferente, e é possível que em algum dos casos a operação acabe sendo justificada. Mas, como temos feito questão de frisar.

CADA PACIENTE É UM PACIENTE!

Veja no Apêndice E as resoluções do Conselho Federal de Medicina para o tema.

4

EXISTEM MUITOS TIPOS DE OPERAÇÕES: UMA PODE SER MELHOR PARA VOCÊ DO QUE OUTRAS

Não deixe que a saudade sufoque, que a rotina acomode, que o medo impeça de tentar. Desconfie do destino e acredite em você.
LUIZ FERNANDO VERÍSSIMO

Como estávamos dizendo, muita gente pensa que cirurgia de redução ou grampeamento de estômago é uma só. Existe muita confusão a respeito: com anel, sem anel, grampo, banda, balão! Uns comem muito depois de operar, outros comem bem pouco; uns vomitam e outros nunca vomitaram; uns emagrecem pouco, a maioria emagrece bastante, raros casos não emagrecem...

Em suma, existem muitos tipos de operações. Uma delas pode ser melhor para você do que outra.

Como o tema é meio espinhoso e bastante técnico, as ilustrações ajudarão você a entender melhor como funciona cada tipo de cirurgia e, à medida que você avançar nas próximas páginas, pode imaginar porque uma delas é mais indicada para o seu caso, ou mesmo entender porque aquele seu amigo que fez um tipo determinado de cirurgia não perdeu o peso desejado. Não pule este capítulo!

O primeiro passo é entender um pouco como é o nosso tubo *digestivo*[5] . De cima para baixo, depois da boca, vem a faringe, que é onde ficam as amígdalas, e mais abaixo o esôfago, que passa pelo tórax e, após atravessar o diafragma (o músculo que separa o tórax do abdômen), vai dar no estômago. O esôfago é um tubo, como uma mangueira, mas o estômago já é mais amplo, como uma bolsa, ou um saco muscular.

O estômago normal tem o volume de mais ou menos 1 litro, mas pode distender; um estômago cheio consegue acomodar um conteúdo de até uns 4 litros. Depois do estômago vem o intestino delgado ("fino", portanto volta a ser tubular).

Na passagem do estômago para o intestino delgado, há um estreitamento muscular chamado piloro, que é importante para retardar o esvaziamento do estômago e ajudar na saciedade. Até aqui tudo bem? Se não, não se acanhe de ler de novo olhando a Figura 1.

Continuando... O intestino delgado é um canal bem longo, que pode ter até 7 metros (aquilo que popularmente chamamos "as tripas") e pode ser dividido em três partes: o duodeno, o jejuno e o íleo. Nossa, começaram os nomes difíceis! Fique calmo. Não haverá muitos mais.

---

5 - Optamos por utilizar o termo "digestivo" em lugar de "digestório", como atualmente se recomenda. Acreditamos que a grande maioria dos leitores aprendeu e se acostumou com "digestivo", além de, ainda, uma grande parte dos órgãos de classe e entidades médicas manterem essa forma.

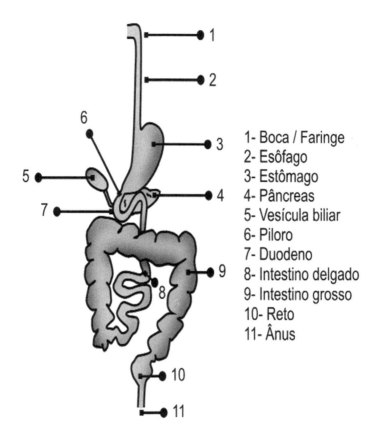

Figura1: O TUBO DIGESTIVO

O duodeno é a primeira parte do intestino delgado e é curtinho, tem só uns 20 cm. Uma das funções do duodeno é receber a comida junto com o suco ácido do estômago e misturá-la com a bile que vem da vesícula biliar e com os sucos digestivos que vêm do pâncreas. Essa mistura é muito importante para a digestão dos alimentos. Depois dessa porção curtinha, vêm os vários metros de jejuno e de íleo, que têm a função de continuidade da digestão, mas principalmente de absorção dos alimentos.

Finalmente, o intestino grosso, que mede um metro e meio e é onde ocorre absorção de água e formam-se as fezes.

Uma das primeiras técnicas cirúrgicas usadas foi o *desvio jejunoileal*. Várias técnicas foram utilizadas a partir da década de 1950, e a mais difundida, chamada de técnica de Payne e Wind, chegou a ser aplicada em alguns centros no Brasil, lá pela década de 1960 e começo dos anos 1970. Nessa técnica, dos 7 metros de intestino, eram deixados apenas 50 ou 60 cm. O intestino era cortado 45 cm após o seu início e essa borda era *costurada* no finzinho do íleo (deixando mais 15 cm finais). Os vários metros de tripas restantes eram deixados fora da passagem dos alimentos. A redução na absorção dos alimentos era absurda e a perda de peso era rápida e permanente. Muitos problemas apareceram: diarréia, gases fétidos, desnutrição, pedras nos rins, osteoporose e cirrose. Muitos pacientes morreram e esta técnica foi abandonada antes dos anos 1980. Este é um exemplo extremo de relação risco/benefício não favorável e por isso esta técnica não é mais praticada.

Várias técnicas de redução de estômago foram propostas nas décadas de 1970 e 1980, mas a *cirurgia de redução simples do estômago* com anel ou bandagem (sem mexer no intestino) foi a mais popular na década de 1980 e começo da década de 1990 quando começou a ser gradativamente abandonada. Nesta operação, era criada uma pequena bolsa (com o volume de uma xícara de café: 50 ml) na parte superior do estômago por meio de um grampeamento. Grampeamento é uma técnica em que vários pontos de costura lineares são aplicados de uma vez só. Na parte de baixo dessa bolsa, era costurada um anel ou bandagem para calibrar um orifício de saída estreito (pouco mais que 1 cm) para que o esvaziamento da bolsa após a refeição ocorresse bem lentamente. Aos poucos havia alguma dilatação dessa bolsa, ou os pacientes passavam a "beliscar" mais, ou a tomar líquidos calóricos como milk-shakes (que passavam facilmente pelo orifício de saída); ou ainda, os grampos se abriam e a comida descia pelo lado errado, permitindo a ingestão de maior quantidade de alimentos. Aí começava a recuperação do peso perdido. Este tipo de operação foi praticamente abandonado. Veja a Figura 2.

As operações mais comuns são realizadas utilizando uma reconstrução do tubo digestivo "em Y". O que é isso? Ficará fácil de perceber seguindo as figuras, mas um jeito simples de entender é: o braço de cima do "Y" do lado esquerdo e o de baixo, são o tubo digestivo por onde o alimento passará depois da cirurgia. A parte do tubo digestivo por onde o alimento nunca mais passará (por onde passarão os sucos digestivos do pâncreas e a bile), e que é costurada na outra parte é o braço de cima do "Y" do lado direito.

Vamos dar nomes a esses pedaços do "Y". O braço de cima do seu lado esquerdo passará a ser chamado de "*canal alimentar*" (porque o alimento vem por ele). O braço de cima do lado direito passará a ser chamado de "*canal dos sucos digestivos*" (porque só os sucos digestivos passam por ele) e a parte de baixo do "Y" será chamada de "*canal comum*" (porque tanto o alimento como os sucos digestivos se misturam nele).

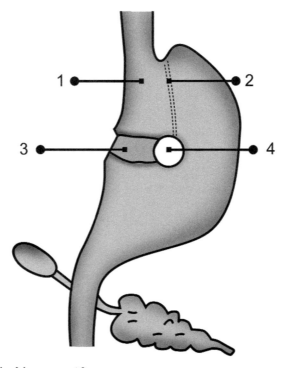

1- Novo estômago
2- Sutura
3- Anel inelástico
4- Buraco criado por grampeador circular

Figura 2: REDUÇÃO SIMPLES DO ESTÔMAGO COM ANEL

A maioria das técnicas cirúrgicas se diferenciam mudando o comprimento dos canais alimentares.

Se você entender esta explicação inicial, ficará muito mais fácil entender a maioria das cirurgias, porque elas basicamente variam mudando o comprimento desses canais do "Y". Isso. Veja a Figura 3 e releia se não entendeu.

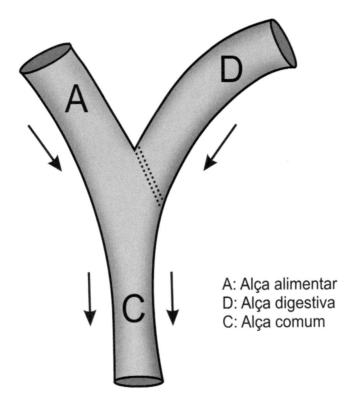

Figura 3 : A RECONSTRUÇÃO EM "Y"

A popularidade das operações varia de acordo com o país. Aqui no Brasil, a operação mais popular é uma forma de desvio ou derivação gastrojejunal, a *técnica de*

Fobi-Capella, introduzida no país pelo Prof. Arthur Garrido, do Hospital das Clínicas, que ensinou a vários cirurgiões do país. Nessa técnica, que chamaremos neste livro de "bypass gástrico", cria-se a mesma pequena bolsa que é feita na cirurgia de redução simples do estômago com anel, mas com mudanças importantes.

A diferença básica do bypass gástrico convencional e do bypass gástrico pelas técnicas de Capella e de Fobi é que nestas é utilizado um anel firme de material sintético na saída do estômago, que faz com que a passagem do alimento seja um pouco mais lenta e dificultosa. Como dissemos, aqui usaremos o termo "bypass gástrico" com ou sem anel. Na Figura 4, ilustramos a cirurgia sem anel. Vejamos adiante.

Como estava sendo explicado, é criada uma pequena bolsa na parte superior do estômago separando-a do resto do estômago. A esta bolsinha fininha, que tem mais ou menos o volume de uma xícara pequena de café, chamaremos de "novo estômago". Só que no bypass gástrico mexe-se também no intestino. Após a criação do "novo estômago", o restante do estômago (aqui chamado de "ex-estômago") e os primeiros 50 a 100 cm de intestino são separados (cortados) e costurados 1 metro depois do "novo estômago".

Achou difícil de entender? Tente entender acompanhando no desenho. Lembra do "Y"? Então vejam: o "ex-estômago" com o começo de intestino é o "canal dos sucos digestivos", o "novo estômago" emendado ao 1 metro de intestino antes da costura do "canal dos sucos digestivos" é o "canal alimentar" e depois da costura é o "canal comum".

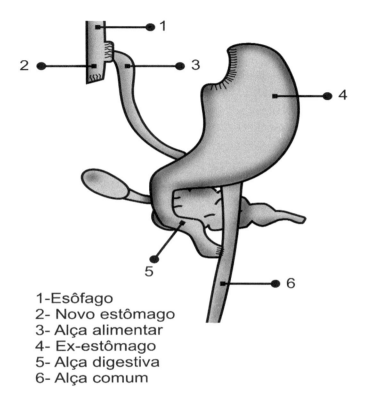

1- Esôfago
2- Novo estômago
3- Alça alimentar
4- Ex-estômago
5- Alça digestiva
6- Alça comum

Figura 4: BYPASS GÁSTRICO

Na técnica de Fobi-Capella, coloca-se um anel na saída do "novo estômago". Porém, alguns cirurgiões não utilizam anel e fazem uma costura "mais justa" entre o estômago e o intestino. Um problema possível com o uso do anel é ele ser absorvido para dentro do tubo digestivo ou deslocar-se, produzindo vômitos freqüentes. Nesses casos pode ser necessária a retirada do anel e, às vezes, infecções.

A perda de peso com esta técnica é de mais ou menos 50% a 70% do excesso de peso, e ocorre porque o paciente come menos por refeição, já que o novo estômago ficou pequeno, porque deixa de absorver um pouco dos nutrientes da comida, mas também porque o sujeito passa mal quando come doces. Alimentos muito *densos*, como musse, sorvete ou chocolate, quando passam diretamente do novo estômago para o jejuno (isso acontece no bypass gástrico – normalmente os alimentos passam do estômago para o duodeno), promovem este efeito. Esses alimentos puxam água do sangue para o intestino, rapidamente, o que leva a uma sensação ruim, de mal estar, que pode ser acompanhada de *enjôo, rubor facial, suor e dor de barriga*. Aos poucos têm sido descobertos outros mecanismos que podem levar a perda de peso como mudanças na síntese de hormônios que normalmente são produzidos no estômago e no intestino.

Em pacientes mais idosos é melhor não colocar o anel (técnica de Capella), por dois motivos.

Primeiro, é mais comum haver problemas de dentição, uso de dentadura ou ausência de dentes. Isso faz com que a mastigação seja mais difícil, o que leva a vômitos e dor quando pedaços maiores de comida são engolidos, agravando problemas de má adaptação alimentar (ou seja, a pessoa pode, instintivamente, querer evitar alimentos importantes como carne vermelha e, conseqüentemente, aumentar a chance de desnutrir).

Segundo, os mais idosos podem ter *esôfago mais fraco*, e com isso, mais problemas de esofagite, de acúmulo de alimentos no próprio esôfago e *dilatação do esôfago*. Essa complicação é pouco comum.

Duas outras operações também realizadas têm três componentes em comum: o "canal dos sucos digestivos", por onde passa bile e suco de enzimas do pâncreas mas não passa alimento é bem longo, o "canal alimentar" é bem longo também, e ainda, o "canal comum" é bem curto. Não é difícil imaginar a conseqüência disso: enquanto o alimento não encontra com os sucos digestivos, não há digestão completa; quando eles se encontram, não há muito tempo para haver digestão e depois absorção, já que o "canal comum" é curto. Então, o que ocorre é que alimentos não digeridos saem pelas fezes (nem tudo que se come é absorvido).

Há um quarto componente em comum: as duas reduzem um pouco o estômago (deixam 1/3 a 1/4 do estômago – isso parece pouco, mas é muito mais do que sobra no "novo estômago" do bypass gástrico). Numa destas duas técnicas a redução se faz por um corte horizontal e na outra por um corte vertical no estômago. De qualquer modo, o volume da refeição é quase normal. Veja na Figura 4.

A primeira técnica foi inventada por um genovês chamado Nicola Scopinaro. Nessa operação, *o corte do estômago é horizontal*, a emenda do estômago é feita com o íleo e esse "canal alimentar" mede 2,5 m. O "canal comum" tem meio metro. O resto do intestino, que é um pouco do íleo que sobrou e todo o jejuno e duodeno, compõe o "canal dos sucos digestivos".

A segunda técnica foi inventada por um canadense chamado Marceau e por um americano chamado Hess. Nessa operação *o corte do estômago é vertical*, o piloro (importante para retardar o esvaziamento do estômago e aumentar a saciedade, lembra?) não é retirado e o corte para criação do "Y" é feito depois do começo do duodeno. O "canal alimentar" mede também 2,5 m, mas a emenda é feita entre o duodeno cortado e o íleo. O "canal comum" é um pouco maior, um metro. O resto do intestino compõe o "canal dos sucos digestivos". Sabemos que não é fácil de entender, mas com a ilustração dá para comparar a diferença das duas operações.

Nestas duas operações, a perda de peso é grande, de cerca de 50 a 75% do excesso de peso. Os principais problemas estão relacionados à diarréia freqüente e aos gases extremamente mal cheirosos, principalmente na do corte horizontal, que não preserva o piloro, o que faz com que o esvaziamento do estômago seja muito rápido. Mas também na do corte vertical ocorrem gases e aumento das evacuações.

Isso faz com que muitos pacientes comam mais do que antes após essa operação. Mesmo assim, perdem muito peso porque a comida sai mal digerida. Devido à redução da absorção de alimentos, os indivíduos devem estar bem orientados e conscientes sobre a necessidade de uma comida de boa qualidade nutritiva. A alimentação de má qualidade, rica em carboidratos e gorduras, e pobre em proteínas, minerais e vitaminas pode causar desnutrição grave e complicações às vezes fatais. Isso não é comum, mas pode ocorrer com pessoas negligentes com a alimentação após estas duas operações, que requerem um cuidado maior com a alimentação.

Algumas equipes recomendam o uso de suplementos líquidos de proteína para garantir uma oferta boa de proteínas.

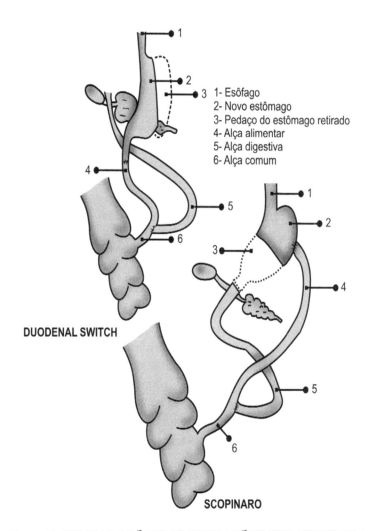

Figura 5: COMPARAÇÃO DAS OPERAÇÕES QUE REDUZEM MENOS O ESTÔMAGO, MAS PROVOCAM MAIS REDUÇÃO DA ABSORÇÃO DO ALIMENTO

Uma quarta operação, a mais comum na Austrália e nos países escandinavos, e que está aumentando em popularidade nos Estados Unidos é a *banda*. No Brasil, as primeiras experiências, há quase uma década, não foram boas. Resta saber se isso se deveu a limitação da técnica, como na redução simples do estômago, ou a acompanhamento pós-operatório incompleto naquela época. Há defensores de ambas as hipóteses no Brasil. O "julgamento" ainda não acabou.

A cirurgia laparoscópica mais simples é a banda, feita de silicone, e que tem sido realizada há mais ou menos 15 anos. A banda consiste de uma cinta, que numa das extremidades tem uma parte inflável (esta extremidade é ajustada em volta da porção superior do estômago) e na outra extremidade tem um portal metálico ou de silicone (que é fixado sobre o músculo do abdômen, em baixo da gordura). Isso permite que, aos poucos o médico possa, injetando soro por uma seringa com agulha fina nesse portal, ajustar a parte inflável (parecido com o que acontece com uma "língua-de-sogra" quando infla com ar). Quanto mais soro é injetado nesse portal, mais a cintinha vai apertando o estômago e estreitando a passagem do alimento. Depois do ajuste ideal, o estômago ficará parecido com uma ampulheta, com uma parte menor em cima da banda e o resto dele embaixo. Esses ajustes são feitos com um pouquinho de soro de cada vez, mais ou menos uma vez por mês após a operação, para que o paciente se adapte aos poucos. A seleção de pacientes deverá ser cuidadosa e criteriosa.

Parece simples, mas as visitas mensais ao médico para ajuste (ou não), são essenciais para o resultado favorável, pois permitem um ajuste gradual. Nem em toda visita é necessário fazer ajuste, depois que se atinge o ajuste ideal. Mas, se o sujeito está conseguindo comer grandes porções e não está perdendo peso, o ajuste com injeção de um pouco de soro no portal (a quantidade varia de acordo com a marca da banda) é necessária. Por outro lado, se o sujeito está com azia, regurgitação ou vômito, alimentando-se somente de líquidos, não só não deve ser injetado nada, como até pode-se remover um pouco do soro (assim, a banda murcha um pouquinho e a passagem do alimento mais sólido fica facilitada).

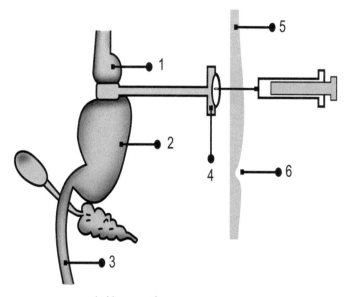

1- Novo estômago
2- Estômago no trânsito
3- Alça com alimentos e enzimas digestivas
4- Portal e banda ajustável
5- Pele
6- Umbigo

Figura 6: BANDA COLOCADA COM PORTAL

A perda de peso é menor com esta técnica (cerca de metade do excesso de peso inicial) e a chance de voltar a ganhar peso parece ser maior. No entanto, o risco de fatalidades, e mesmo de desnutrição, é cerca de 10 vezes menor. Nesta técnica, não são cortados nem o estômago nem o intestino e não é feito o "Y".

Falamos bastante sobre a banda porque nesta técnica a participação do paciente é muito mais ativa do que nas outras, já desde o início. Sem isso, há uma grande chance de falhar.

Algumas palavras sobre um procedimento que não é uma operação, mas que merece ser explicado: o *balão*. O balão é uma bexiga de silicone que é colocada murcha, por endoscopia (através de um tubo). Uma vez posicionado no estômago, ele é enchido com pouco menos de 1 litro de soro com um pouquinho de azul de metileno, tomando a forma de uma esfera, que fica lá, ocupando espaço e promovendo maior saciedade. Apresenta alguns limites.

Um é que, após a colocação, ele pode ficar no estômago no máximo 6 meses, porque depois desse tempo, a chance de rompimento é maior. Murchando, ele pode progredir para o intestino e causar uma obstrução que necessita cirurgia (o corante azul é colocado por isso – se romper, o paciente notará a cor na urina e pode procurar um pronto-socorro para retirar o balão roto, através de nova endoscopia). Outro problema é que alguns pacientes podem não tolerar o balão, apresentar vômitos freqüentes, dor de estômago forte e desidratação e precisar retirar após poucos dias. Um endoscopista conhecido costuma dizer que só perde peso com balão quem vomita, tem dor de estômago e passa mal (referindo-se aos sujeitos que toleram o balão pelos seis meses).

Mas o maior dos problemas é que com o balão acontece mais ou menos a mesma coisa que com sujeitos obesos freqüentadores de spas. A recuperação do peso perdido após a retirada do balão ocorre em quase 100% dos casos, o que faz do balão, ao contrário das operações, um método inadequado para o tratamento definitivo da obesidade. No nosso entender, a melhor indicação para o balão é o sujeito com um risco grande de operar devido ao peso extremamente grande (por exemplo, mais que 200 kg), que coloca o balão, perde algumas dezenas de quilos em seis meses e depois interna, tira o balão e opera antes de recuperar o peso perdido. O balão é um spa dentro do estômago.

Um tipo de operação que vem sendo realizada recentemente é a *gastrectomina em manga*. Nesta técnica, a maior parte do estômago é retirada, deixando um estômago com formato de manga (um tubo). A ilustração pode ser vista na técnica de Marceau e Hess (duodenal switch – Figura 4) onde, como já citamos, o corte do estômago é vertical. A diferença é que na gastrectomia em manga não se mexe no intestino.

> O ideal é que a técnica seja escolhida levando em consideração uma série de aspectos específicos do paciente. Cada caso é um caso!

Outros métodos não serão discutidos aqui, por não estarem aprovados e serem ainda considerados experimentais, como técnicas cirúrgicas específicas para tratamento de diabetes do adulto associado a excesso de peso (não necessariamente muito obesos), marcapasso gástrico (uma espécie de estimulador elétrico do estômago, também experimental, mas que parece levar a perda insatisfatória de peso) e técnicas cirúrgicas que não são universalmente aceitas pela comunidade científica que estuda a cirurgia da obesidade.

As técnicas têm graus de dificuldade diferentes

Para você ter uma idéia gráfica da dificuldade técnica, dê uma olhada na figura abaixo. O ideal é que a técnica seja escolhida levando em consideração vários aspectos, não só seu grau de dificuldade.

DIFICULDADE TÉCNICA DAS VÁRIAS OPERAÇÕES

Banda gástrica < *Derivação bibliopancreática (Scopinaro)* < *Bypass gástrico* < *Derivação bibliopancreática (Duodenal switch)*

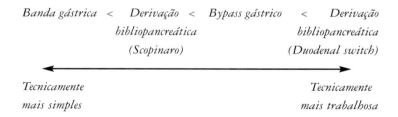

Tecnicamente mais simples   *Tecnicamente mais trabalhosa*

5

EXISTEM RISCOS NAS OPERAÇÕES?

*O pessimista é uma pessoa que,
podendo escolher entre dois males, prefere ambos.*
OSCAR WILDE

Sim, claro que existem riscos.

Todo procedimento médico envolve risco. Algo tão simples como tomar um analgésico comum para dor de cabeça pode causar um sangramento digestivo numa pessoa mais suscetível. Só não tem risco e efeito colateral o "tratamento" que não funciona.

Por isso a boa medicina determina que sempre sejam avaliados os riscos e benefícios de cada procedimento. Se colocarmos num dos pratos da balança o "risco de reduzir o estômago" e no outro prato o "risco de não operar", como será essa avaliação? Ora, depende de que pessoa está sendo avaliada. Uma pessoa com obesidade pouco intensa, sem doenças, não apresenta risco evidente se não operar e estará exposta a um risco pequeno, mas considerável se operar. Por outro lado, num indivíduo com obesidade mórbida e doenças associadas, o risco de não operar e permanecer obeso, exposto às doenças associadas pode ser bem maior que o risco de ser submetido à redução de estômago. De qualquer forma, como em tudo na medicina, cada caso é um caso e cada caso deve ser avaliado individualmente.

Só para complicar, temos de avaliar também qualidade de vida, inserção social e um monte de fatores menos objetivos...

Da mesma forma que existe risco na cirurgia, existe risco na manutenção da obesidade mórbida. O segundo risco é bem maior que o primeiro. Por isso, fique atento!

De vez em quando, alguma notícia é publicada no jornal, ou o noticiário da TV anuncia que alguém morreu depois de fazer a cirurgia de redução do estômago. Mas os jornais não relatam as milhares de pessoas que se beneficiaram da operação, dando a impressão de que o risco é maior do que o benefício. Isso não é verdade. Mas mesmo assim os pacientes devem ser avaliados muito criteriosamente, passar por avaliações cuidadosas nas áreas clínica, endocrinológica, nutricional, psiquiátrica e psicológica por profissionais com experiência na área de cirurgia da obesidade.

Como já vimos, as primeiras técnicas cirúrgicas usadas foram os *desvios jejunoileais*, descritos no capítulo anterior. Como citado, problemas apareceram, entre eles desnutrição, cirrose, pedras nos rins e osteoporose. Muitos pacientes morreram e a operação foi abandonada.

Outras técnicas, agora com redução de estômago, foram propostas a seguir, como a *cirurgia de redução simples do estômago*, que também foi abandonada porque os pacientes passaram a "beliscar" mais e recuperavam o peso perdido.

Um problema possível com o uso do anel no bypass gástrico (técnica de Capella e de Fobi) é ele ser absorvido para dentro do tubo digestivo ou deslocar-se, produzindo vômitos freqüentes. Nesses casos pode ser necessário retirar o anel, ocorrendo ganho de parte do peso perdido. Raramente, isso pode levar a infecção intra-abdominal. Ainda no bypass gástrico, alimentos muito densos, como doces gordurosos podem levar a *mal-estar*, *enjôo*, *rubor facial*, *suor excessivo* e *diarréia*.

Hérnias internas e aderências que às vezes precisam ser corrigidas cirurgicamente podem ocorrer após qualquer das cirurgias. Estas complicações podem ser fatais, mais são raras.

Nas derivações biliopancreáticas, problemas podem estar relacionados à diarréia e aos gases mal cheirosos. Além disso, alimentação de má qualidade pobre em proteínas, minerais e vitaminas pode causar desnutrição grave e complicações que podem levar à morte por falência fulminante do fígado. Isso não é comum, mas pode acontecer com indivíduos que são negligentes com a alimentação. Por esse motivo, como já dissemos, várias equipes recomendam o uso de suplementos líquidos de proteína.

Na cirurgia de banda gástrica, pacientes com o hábito de beliscar, que gostam muito de doces podem não ter bom resultado, uma vez que os líquidos passam facilmente pela restrição promovida pela banda. Embora a perda de peso seja menor e os resultados a longo prazo sejam variáveis, esta técnica apresenta risco de fatalidades, e mesmo de desnutrição, cerca de 10 vezes menor. Isso ocorre porque não são cortados nem o estômago nem o intestino e não é feito o "Y".

A perda muito rápida de peso também tem seus riscos. Um deles é que o ácido úrico pode elevar-se. Pacientes mais suscetíveis podem ter, após poucas semanas de cirurgia, crise de *dor na junta do dedão do pé* ou *pedras nos rins*. Beber bastante líquido e procurar alimentar-se adequadamente para que a perda de peso não seja demasiadamente rápida são atitudes que ajudam a prevenir essas complicações.

Outro aspecto importante é beber líquidos tão logo a dieta por boca seja liberada nos *primeiros dias após a operação*. Você deve tentar beber a maior quantidade possível de água. Para ter uma idéia, recomendam-se até 2,5 litros de água ao dia (o que é bem difícil de fazer...).

O paciente obeso tem uma propensão maior de apresentar trombose e embolia. Isso ocorre quando o sangue coagula dentro das veias, podendo desprender trombos, que podem entupir e comprometer a circulação de segmentos dos pulmões. Por esse motivo, o uso de anticoagulantes é recomendado. Usar meias elásticas e mesmo meias pneumáticas durante o ato cirúrgico ajuda a prevenir embolias, bem como colocar o paciente para andar no primeiro dia depois da operação. Trombose de veias profundas é uma complicação de média gravidade e embolia de pulmão é grave, embora rara (0,5% a 0,8% dos casos).

Pacientes diabéticos, principalmente aqueles com muitos anos de doença, merecem cuidados adicionais, porque podem apresentar problemas de cicatrização relacionados à presença de doença nas artérias e ter um risco maior de trombose.

Apesar dos antibióticos profiláticos, infecções de menor gravidade da cicatriz podem ocorrer. Da mesma forma, o *fechamento de pequenas porções do pulmão*, reversível com exercícios respiratórios, podem também aparecer, assim como pneumonias. O *rompimento de costuras entre o estômago e o intestino com vazamento de secreções* pode ser grave. Hérnias da cicatriz da barriga podem ocorrer em 10% dos pacientes depois de meses ou anos em operações não laparoscópicas.

A maioria das equipes aceita que *inflamações do estômago* devam ser tratadas antes de submeter o paciente à cirurgia. Da mesma forma, a maioria das equipes concorda que infecções do estômago pela *bactéria causadora de gastrites e úlceras* devam ser tratadas também. Lembre-se que, depois de uma das operações, o bypass gástrico, a maior parte do estômago ficará excluída e inacessível a endoscopias convencionais.

Emagrecimento pré-operatório

Pacientes super-obesos (os que têm IMC acima de 50) podem necessitar de uma perda de peso considerável antes da operação propriamente dita, para redução dos riscos anestésicos e cirúrgicos. Para esses pacientes pode ser recomendável o uso de balão intragástrico ou de internação em algum spa no período pré-operatório.

Alguns pacientes com IMC acima de 40 que tenham sido orientados a perder peso no pré-operatório imediato (sim, isso é desejável!) podem chegar ao momento da cirurgia com IMC inferior a 40. Não há nesse fato nenhum empecilho para a realização da cirurgia, nem sinal de que ela possa ser desnecessária. Isso porque sabemos que, se não realizada, o mais provável é a recuperação do peso perdido.

Existem discussões em relação ao peso necessário para eleger o candidato a essas operações. A indicação baseada exclusivamente no IMC pode ser falha em alguns casos: existem pacientes com IMC acima de 40 sem doenças objetivas ligadas à obesidade, enquanto há também doentes com IMC abaixo de 35 com diversas doenças que poderiam ser substancialmente melhoradas, ou mesmo curadas, com uma cirurgia de redução de estômago.

É por isso que ao longo deste livro repetimos exaustivamente que **CADA CASO É UM CASO**.

Cálculos de vesícula

A avaliação da vesícula biliar deve ser feita no pré-operatório. Pessoas com excesso de peso que emagreceram muito, e mesmo as vítimas do famoso "efeito sanfona" (o engorda-emagrece-engorda) têm risco de formar *pedras na vesícula*. Algumas dessas pessoas com pedras podem ter sintomas e outras não. Atenção especial deve ser dada às pessoas com pedras e que têm sintomas (os mais comuns são dor em cólica embaixo da última costela do lado direito), porque isso pode ser sinal de que alguma pedra menor tenha entrado no *canal que leva a bile para o intestino*. Para descobrir isso, pode ser necessário um exame endoscópico. Não é adequado operar pessoas com essa complicação, devendo o cálculo ser removido e/ou instituir tratamento com antibióticos antes.

A cólica pode representar também uma *infecção aguda da vesícula*, cujo tratamento pode ser cirúrgico. Algumas pessoas podem ter crises repetidas de infecção, e fazem tratamentos com antibióticos e anti-inflamatórios. Essas pessoas vão ficando com a *vesícula atrofiada e cheia de cicatrizes*, podendo ficar grudada no fígado e, quando há *fígado gorduroso* – situação na qual o fígado aumenta e fica amarelado devido ao acúmulo de gordura –, incrustada dentro dele. Esta é uma situação em que a remoção da vesícula biliar é mais difícil, principalmente porque o fígado gorduroso é mais frágil, podendo ser ferido com mais facilidade. A formação de *vazamentos biliares* é mais comum em casos de cirurgias difíceis de vesícula biliar. Neste caso, uma opção bastante razoável é primeiro operar o estômago e, depois do emagrecimento (que facilitará os procedimentos técnicos), proceder à remoção da vesícula biliar.

Depois de operar, você deverá passar por avaliações periódicas pelo resto de sua vida. Por isso, nem pense que com a cirurgia você curou qualquer coisa. Não. Você realizou um excelente procedimento dentro de um tratamento vitalício. Entenda e aceite isso.

Fertilidade feminina

Pelo menos alguns parágrafos merecem ser destinados à questão da fertilidade das mulheres antes e depois da cirurgia. Seja pela estigmatização social e diminuição de relacionamentos afetivos, seja pelo isolamento voluntário, ou seja pela redução do número de ciclos ovulatórios, o fato é que muitas mulheres candidatas à cirurgia têm menor chance de engravidar. Algumas nem mesmo utilizam métodos contraceptivos porque estão convencidas de que a chance de engravidar é muito remota.

Muito bem, no pós-operatório a mulher defronta-se com três problemas:

1. a gestação na fase de perda de peso rápida e ativa pode comprometer a saúde do feto, e mesmo da mãe;

2. a fertilidade e a ovulação normal voltam rapidamente, às vezes a partir do primeiro mês de pós-operatório;

3. a absorção dos anticoncepcionais orais é errática e não confiável.

Pode-se listar um quarto item, mas que não é propriamente um problema: a redução do humor depressivo e do auto-confinamento, bem como o aumento da autoestima, estimulam relacionamentos sociais e afetivos. Mas, mesmo não sendo um problema, as conseqüências podem vir a ser, se o método anticoncepcional for inefetivo.

Em virtude disso, podemos afirmar que não há como confiar em pílulas anticoncepcionais orais, sendo ideal o uso de métodos de contracepção duplos. Por exemplo, anticoncepcional injetável + camisinha, ou dispositivo intra-uterino (DIU) + diafragma com espermicida.

Discuta essa questão com seu ginecologista (ou o da sua companheira)!

> Muitas mulheres têm menor chance de engravidar antes da cirurgia, seja pela falta de relacionamentos afetivos, seja pela redução de ciclos ovulatórios. Muitas vezes a fertilidade aumenta após a cirurgia, e é necessária uma série de cuidados especiais, inclusive com relação aos métodos anticoncepcionais.

6

VOCÊ DEVE ESCOLHER MUITO BEM A EQUIPE QUE VAI CUIDAR DE VOCÊ

Você só passa por esta vida uma vez, não volta para um bis.
ELVIS PRESLEY

Uma boa equipe:
- endocrinologista e/ou clínico experiente
- psiquiatra
- psicólogo
- nutricionista
- cirurgião

O título deste capítulo pode parecer uma coisa muito óbvia, mas não é. Por uma série de motivos:

Primeiro, porque a maioria das pessoas são mal-informadas e não sabem que uma cirurgia de redução do estômago requer uma série de cuidados pré e pós-operatórios. Como dissemos antes, isso é para sempre!

Segundo, porque às vezes, mesmo sabendo, estão tão ansiosas para fazer a operação que acham que tudo é bobagem e buscam a solução que dê o mínimo de trabalho possível.

Terceiro, porque no primeiro momento você poderá ser capaz de jurar que está disposto a fazer qualquer coisa. No primeiro momento...

Quarto, porque infelizmente existem profissionais inescrupulosos, que usam a ansiedade dessas pessoas, e realizam a cirurgia sem quaisquer cuidados adicionais antes e depois da operação.

É por isso que julgamos necessário apresentar essa equipe multidisciplinar.

Tudo bem. Já que é assim, como deve ser essa equipe multidisciplinar?

Vamos então mostrar como ela é formada e em seguida comentar cada uma das funções dos profissionais envolvidos.

Uma boa equipe é formada basicamente por:

- endocrinologista e/ou clínico experiente
- psiquiatra
- psicólogo
- nutricionista
- cirurgião (uau! tem até cirurgião na equipe!)

Esta é considerada uma equipe mínima ideal e é a recomendada pelo Consenso Brasileiro de Cirurgia da Obesidade. Em alguns casos ela pode contar também com a presença de um fisioterapeuta para o período pós-operatório. Além disso, a equipe deve poder recomendar um bom cirurgião plástico caso uma cirurgia plástica se faça necessária – o que poderá ocorrer não antes de um ano após a gastroplastia. A necessidade da cirurgia plástica será discutida num capítulo posterior.

> *Se você procurou diretamente um cirurgião, certifique-se de que a equipe exista! Não precisa ser no mesmo consultório, mas precisa existir.*

Endocrinologista e/ou clínico experiente

O endocrinologista ou clínico é o médico que vem acompanhando o paciente obeso e que eventualmente poderá ter recomendado a cirurgia. Presume-se que o paciente já tenha tentado antes algum tipo de tratamento para a obesidade e que não tenha respondido satisfatoriamente, levando seu endocrinologista ou clínico a sugerir a operação. Este médico, obviamente, deverá ser especializado e treinado em tratamento de obesidade (a palavra "obesólogo" ainda não é utilizada, mas é isto que ele realmente é), bem como conhecer as diversas técnicas cirúrgicas e recomendar aquela que é mais adequada para o paciente. Lembre-se: **Cada caso é um caso!**

Ele também é o médico responsável pelo paciente após a cirurgia, e que possivelmente irá acompanhá-lo durante um bom tempo, analisando constantemente seu quadro clínico e prescrevendo as medicações e suplementos que se fizerem necessários. Mais um lembrete: você precisará tomar remédios para o resto da vida!

Além disso, muitos pacientes talvez precisem tomar remédios antiobesidade mesmo após a cirurgia.

> *O endocrinologista (ou clínico experiente) é o médico responsável pelo paciente após a cirurgia, e irá acompanhá-lo por um bom tempo, avaliando o quadro clínico e prescrevendo remédios e suplementos necessários.*

Psiquiatra

A primeira função do psiquiatra é avaliar se o paciente não sofre de algum quadro psiquiátrico grave que impeça a cirurgia. É também necessário verificar se o paciente toma alguma medicação que possa afetar de algum modo o processo de perda de peso.

Algumas vezes, é preciso também um acompanhamento psiquiátrico após a operação, embora ninguém vá ficar louco por causa dela, como veremos adiante.

Mais uma coisa importante: no capítulo sobre quem deve fazer a operação vimos que, em algumas situações muito especiais, a cirurgia pode ser recomendada para pessoas que por algum motivo estejam incapacitadas de tomar a decisão. Caberá ao psiquiatra definir quando essa situação se faz presente.

Mas calma. Não se preocupe porque de médico e de louco, todo mundo tem um pouco. Os casos em que há contra-indicação por motivos psiquiátricos são a franca minoria.

> *A função do psiquiatra é ver se o paciente não sofre de algum quadro psiquiátrico grave que impeça a cirurgia. Às vezes também é responsável por acompanhamento após a operação.*

Psicólogo

No nosso meio há uma inversão de valores e, ainda hoje, alguns profissionais da área da psicologia acreditam que a cirurgia poderia causar problemas psicológicos e por isso a contra-indicam. Fuja deles, já!

A função do psicólogo no pré-operatório é educar o paciente a respeito da operação e lidar com fantasias positivas e negativas sobre o tema. No pós-operatório, para pessoas que não tiverem uma boa perda de peso, o psicólogo poderá iniciar uma forma específica de abordagem psicoterápica (ver leituras recomendadas).

Outras formas de psicoterapia podem ser feitas, mas fora do contexto da equipe multidisciplinar especializada. Ao menos, diante das evidências científicas atuais.

Além disso, *testes específicos* podem ser necessários para avaliação da capacidade intelectual em casos raros selecionados. São os psiólogos que os aplicam

> O psicólogo deverá educar o paciente acerca da operação e lidar com suas fantasias. Poderá também participar ativamente após a cirurgia se a perda de peso for inferior à esperada.

Nutricionista

O nutricionista é o profissional que vai acompanhar a sua alimentação. Como já foi dito, e veremos mais detalhadamente no próximo capítulo, a pessoa que passa por uma cirurgia de redução do estômago vai ter de controlar sua alimentação para o resto da vida. E, como já sabemos que cada caso é um caso, caberá ao nutricionista verificar regularmente como está a sua saúde do ponto-de-vista alimentar, identificar como estão os teores de vitaminas, proteínas e minerais, sugerindo as suplementações necessárias, bem como alertar o paciente no caso de ele estar se alimentando inadequadamente.

> *Cabe ao nutricionista verificar regularmente a saúde alimentar do paciente, identificar na dieta do paciente os teores de vitaminas, proteínas, minerais e alertar o paciente quando não estiver se alimentando de forma adequada, sugerindo as suplementações necessárias.*

Cirurgião

Não é preciso dizer o que o cirurgião vai fazer. Afinal, todo este livro gira em torno disso. Mas, mesmo assim, algumas observações são necessárias:

Em primeiro lugar, é conveniente que o cirurgião tenha ou pertença a uma equipe multidisciplinar. Se você chegou a ele por intermédio do seu clínico ou endocrinologista, esta condição deve estar automaticamente satisfeita: é provável que ele foi recomendado por alguém da sua confiança. Mas, se você, cansado de tratamentos, procurou diretamente um cirurgião, certifique-se de que a equipe exista: isso é fácil, você vai ficar sabendo automaticamente na hora em que ele mandar você fazer exames clínicos e verificar seu estado psicológico e nutricional. Se isso não acontecer, fique esperto!

Outra coisa importante: o ideal é que o cirurgião pratique mais de uma técnica. Mais uma vez vamos lembrar, **cada caso é um caso**, e como já vimos, existem métodos mais adequados a cada tipo de paciente. É óbvio que esta recomendação se estende a toda a equipe. Procure obter as informações sobre os procedimentos desse cirurgião e, se ele praticar apenas um método de gastroplastia, talvez valha a pena buscar uma segunda opinião.

Terceiro: também pode parecer evidente, uma vez que se presume a destreza do cirurgião, mas se você procurou o cirurgião diretamente, tente se informar sobre o tempo de prática dele. Só para você ter uma idéia: para uma cirurgia aberta, geralmente considera-se perfeitamente apto um médico que tenha praticado cerca de vinte cirurgias; já para técnicas laparoscópicas esse número sobe para cinqüenta.

> *O ideal é que o cirurgião pratique mais de uma técnica. Pode ser que uma técnica seja mais adequada para um paciente do que para o outro. Se o cirurgião aplica apenas uma, talvez valha a pena buscar outra opinião.*

Uma vez escolhida a equipe, certifique-se de que ela está sendo cuidadosa em termos de avaliação pré-operatória. Lembre-se: tudo que vai ser acompanhado depois da operação precisa ser muito bem avaliado antes.

7

OS RESULTADOS DAS OPERAÇÕES DEPENDEM DE MUITOS FATORES, INCLUSIVE DE VOCÊ

> *O único lugar onde o sucesso vem antes do trabalho*
> *é no dicionário.*
> ALBERT EINSTEIN

Você sabia que vai precisar aprender a comer de novo?

A perda de peso após a cirurgia é rápida e depende da técnica específica. Ela pode ser influenciada por outros fatores, como a presença de diabetes (que leva a menor perda de peso), idade, etnia, grau de aderência à dieta e atividade física. O sucesso da cirurgia é definido, na maioria dos serviços, pela manutenção da perda de pelo menos 50% do excesso de peso por 5 anos, deixando de ser obeso mórbido, ou seja, reduzir o IMC a menos que 40.

De qualquer forma, uma das coisas mais importantes para o paciente que vai operar para reduzir o estômago é aprender a comer. Você deve estar pensando que uma das coisas que você melhor sabe é comer! Mas aprender a se alimentar corretamente no pós-operatório é uma das coisas que diferencia as pessoas que têm sucesso, recuperam a saúde e são felizes daquelas que têm problemas nutricionais e frustram-se com os resultados. E isso dá trabalho!

Mesmo antes da cirurgia, é muito importante identificar problemas alimentares, sugerindo alternativas, e preparar o paciente para a dieta que será adotada no pós-operatório. "Despedidas" gastronômicas nos dias que antecedem a cirurgia podem ser prejudiciais e devem ser evitadas.

Alguns cirurgiões adotam como prática comum pedir uma perda de peso de 5% a 10% do peso antes de marcar a cirurgia, alegando que isso diminui os riscos cirúrgicos. A realidade é que, embora isso tenha alguma lógica (pois a redução de peso sabidamente pode, entre outras coisas, reduzir a pressão arterial e melhorar o nível de glicose no sangue), nunca ninguém provou que essa perda de peso é importante, ao menos nas faixas mais baixas de IMC. Dietas muito rígidas antes da cirurgia, sem a reposição adequada de vitaminas e minerais podem levar a problemas de cicatrização, por exemplo, aumentando a chance de complicações no pós-operatório. Como você vê, é um assunto delicado, e nesse sentido, a equipe multidisciplinar é muito importante.

Uma das coisas mais importantes para quem vai reduzir o estômago é aprender a comer. Aprender a se alimentar corretamente é um fator determinante para obter sucesso na cirurgia, recuperar a saúde e ser feliz.

Por outro lado, é possível no pré-operatório iniciar a reestruturação alimentar e preparar o paciente para a dieta a ser seguida no pós-operatório tardio, instituindo por alguns dias um exercício de atenção à mastigação, à ausência de líquidos nas refeições e ao fracionamento das mesmas.

A avaliação nutricional, com a investigação sobre o que o paciente costuma comer é fundamental, mas a avaliação não pára por aqui. Exames de sangue são importantes para verificar o real estado de nutrição. É neste ponto que muitas vezes nos surpreendemos, pois muitos pacientes apresentam-se subnutridos antes de operar. Gordo subnutrido? Parece contraditório, mas não é!

Pode haver falta de alguma vitamina ou mineral e muitos podem estar anêmicos, ou ter falta de cálcio, ou de alguma vitamina mesmo antes de operar. É crucial a reposição desses elementos antes da cirurgia para prevenir complicações que, sim, podem ser previstas e evitadas.

Entre os exames importantes que serão realizados muitas vezes no acompanhamento pós-cirurgia, mas que devem ser feitos antes de operar, estão: hemograma completo, dosagem de proteínas no sangue, avaliação do perfil de ferro, de vitamina B-12 e outras vitaminas do grupo B, de cálcio e de vitamina D.

A maioria dos casos de deficiências nutricionais ocorre no primeiro ano após a cirurgia. Por isso, estes exames são feitos com mais freqüência no primeiros anos (em média a cada 3 meses no primeiro, a cada 6 meses no segundo e anualmente depois, podendo variar com o caso e a equipe).

> *O obeso pode estar subnutrido antes de operar, com falta de um ou mais elementos fundamentais para o organismo. É crucial a reposição desses elementos antes da cirurgia!*

Tenha em mente o que já dissemos: a cirurgia não é a cura da obesidade, mas sim uma ferramenta que, junto com mudanças globais de comportamento pode levar ao sucesso desejado.

As orientações dietéticas têm como objetivo não somente prevenir complicações após a cirurgia, mas também prevenir e minimizar efeitos colaterais, entre eles, vômitos e "dumping". O "dumping" é um mal estar súbito que ocorre quando o indivíduo come alimentos doces após a cirurgia de bypass gástrico. O "dumping" resulta da passagem rápida de alimentos do novo estômago para o intestino, principalmente alimentos muito concentrados, gordurosos e doces, como musses, chocolates e cremes. Eles fazem com que água saia de dentro dos vasos sangüíneos e passe para dentro do intestino, causando aceleração do coração com palpitação, suor excessivo, vermelhidão da face e sensação de desmaio, além de enjôo, vômito, dor de barriga e diarréia, que ocorrem 15 a 30 minutos após a ingestão do doce. Pode ocorrer queda de glicose no sangue com mal-estar após 1 a 2 horas por excesso de liberação de insulina pelo pâncreas (chamado de "dumping" tardio).

Depois das operações que causam diminuição da absorção de nutrientes (derivações biliopancreáticas: Scopinaro e duodenal switch), é comum alteração do ritmo intestinal, com diarréia e gases muito *fedidos*.

Refluxo e azia são mais freqüentes após procedimentos restritivos, como a banda gástrica, e podem ocorrer por ingestão excessiva de alimentos líquidos, ou por aperto excessivo da banda (injeção de soro em excesso no portal).

> Tenha sempre em mente: a cirurgia não é a cura da obesidade, mas um ferramenta que pode levar ao sucesso desejado, mas que exige também mudanças globais de comportamento.

Aprendendo a comer de novo

No hospital, durante a internação, a dieta é estritamente líquida. O paciente pode receber chás, isotônicos, caldo coado de legumes e de carne, água e água de coco. Um dos objetivos desta dieta, chamada de dieta de líquidos claros ou fase zero é verificar a tolerância a líquidos e facilitar uma cicatrização adequada dos pontos no estômago.

No Apêndice B você encontrará um exemplo de cardápio com a dieta de líquidos claros, composta principalmente por chás, sucos diluídos e caldos coados de carne, de frango e de hortaliças.

Após a alta até o fim do primeiro mês, a dieta é composta por sucos, isotônicos, caldos (de legumes e de carne), leite, bebida láctea e fórmulas suplementares pobres em resíduos. Esta dieta é chamada de fase 1 ou dieta de líquidos completa. O objetivo principal é manter o estômago em repouso, adaptando-se aos pequenos volumes, além, é claro, da hidratação. O volume varia de 30 a 60 ml de hora em hora, evoluindo gradativamente de acordo com a tolerância do paciente. O volume de um copinho de plástico de café, cheio, é de 50 ml. O objetivo é a ingestão de 1500 a 2000 ml. O valor calórico total, em média, é de 500 calorias.

No Apêndice B você também encontrará um exemplo de dieta de líquidos completa, composta por mingau, sopa liquidificada, vitaminas de frutas com leite desnatado, sucos diluídos e iogurte. Deve-se ter cuidado pois o amido de milho pode prender o intestino. Potes industrializados de comida para bebê podem ser usados nesta fase.

Nos 15 dias subseqüentes (ou seja, do 30° ao 45° dia depois da cirurgia), a dieta pode ser um pouco mais pastosa. É a dieta fase 2, que é líquida com alguns alimentos pastosos. Fazem parte do cardápio: caldo de feijão, leite, vitaminas, sucos, iogurtes, sopas liquidificadas e purês, tendo por função manter o repouso do estômago, mas aumentar a quantidade de proteínas. O volume varia de 50 a 90 ml de hora em hora, evoluindo gradativamente. Estimula-se o consumo de 1500 ml/dia. O valor calórico total é mantido em torno de 1000 a 1200 calorias por dia, mas a maior parte dos pacientes não chega a este total. Nas derivações biliopancreáticas os volumes podem ser maiores - 100 a 150 ml de hora em hora.

No Apêndice B você achará uma amostra da dieta líquida/pastosa, onde já entram frutas amassadas e papas de pão sem casca no leite e carne.

Após o 45° dia após a operação, por 15 dias, adota-se a dieta branda sem açúcares concentrados. Um exemplo dessa dieta está no Apêndice B. Repare que essa alimentação é praticamente normal e deverá ser seguida daqui por diante.

Depois do segundo mês da cirurgia, a dieta é geral, ou seja, há poucas restrições alimentares – a dieta é adaptada à tolerância individual. É muito importante ter uma dieta rica em ferro, vitamina C, vitamina D, zinco, vitamina B-12 e cálcio, porque existe uma tendência de ocorrer anemia, perda de cabelos e perda óssea se cuidados com a alimentação não forem adotados. Cada paciente deve receber um esquema dietético adaptado aos hábitos alimentares anteriores à cirurgia, sendo feita, concomitantemente, uma reestruturação alimentar.

Pode ser que a equipe que cuide de você tenha um esquema diferente. Siga a orientação da sua equipe.

Algumas regras são muito importantes:

- Alimentar-se por 20 minutos ou mais.
- O alimento deve ser bem mastigado e ingerido em pequenos volumes.
- Líquidos devem ser ingeridos bem antes das refeições ou no mínimo 30 minutos depois, para permitir que haja "espaço" para a comida no novo estômago e para diminuir a ocorrência de vômitos.
- Proteínas devem ser ingeridas de preferência antes das gorduras e carboidratos: carne antes de salada e arroz.
- Um suplemento vitamínico/mineral é geralmente recomendado. Este suplemento não engorda e deve ser tomado todos os dias para o resto da vida. De novo: **TODOS OS DIAS. PELO RESTO DA VIDA!**

> *É importante que a alimentação evolua gradativamente após a cirurgia. Siga à risca o esquema da equipe que está cuidando de você!*

A recomendação dietética para indivíduos normais é adequada para manter valores normais para os principais nutrientes, mas quando se trata de pacientes operados, a necessidade pode ser muito maior. Para ferro, por exemplo, são necessários níveis 10 vezes acima da recomendação normal, ingestão concomitante de 500 mg de vitamina C. A absorção de vitamina B-12 dos alimentos é muito prejudicada pelas alterações anatômicas das cirurgias de bypass gástrico e das derivações biliopancreáticas. Para vitamina B-12, são necessários níveis 300 vezes acima da *recomendação alimentar* para manter a *concentração no sangue* normal em 95% dos pacientes. Por essa razão, a maioria dos pacientes necessita de injeções periódicas, em geral a cada 1 a 3 meses de vitamina B-12. Existem apresentações sublinguais e nasais de vitamina B-12, importadas e mais caras que podem dispensar o uso injetável, mas que têm o inconveniente do uso diário.

Algumas dicas para a suplementação após a cirurgia: o médico deve escolher suplementos de alta potência e de liberação rápida, objetivando absorção máxima, deve optar por minerais quelatos (mais facilmente absorvidos), monitorar a ingestão de vitaminas A e D e verificar a biodisponibilidade das fórmulas utilizadas, porque às vezes a presença de um mineral pode atrapalhar a absorção de outro. Não há nenhum inconveniente em macerar os comprimidos ou dividi-los em tuas tomadas.

Falta de vitamina B-12 pode levar a *anemia e língua careca*, reversíveis com a suplementação. Porém, se a deficiência persistir, pode levar a *acometimento da medula e dos nervos*, principalmente os nervos dos membros, que pode ser irreversível. Os sintomas mais freqüentemente observados são *formigamentos* nos pés, além de sintomas de depressão, irritabilidade e falta de memória. Apesar de ser comum a dosagem baixa de vitamina B-12, poucos pacientes desenvolvem sintomas de deficiência dessa vitamina.

Deficiência de folato, uma vitamina do grupo B é raríssima em pacientes que tomam o multivitamínico corretamente.

A falta de tiamina (vitamina B-1) é também pouco comum, mas pode ser grave. O uso correto da suplementação vitamínica impede o seu desenvolvimento. Ela pode ocorrer em pacientes que vomitam demais no primeiro ano após a operação. A forma leve da doença pode se apresentar com irritabilidade, dor de cabeça e fraqueza. A doença é chamada de beribéri e pode caracterizar-se por sintomas como *inchaço e coração aumentado*, problemas nos nervos com aumento da sensibilidade, *falta de força e reflexos diminuídos nas extremidades*, e alteração do estado mental, com *alteração do movimento dos olhos e falta de equilíbrio*. O quadro pode agravar-se, na ausência de reposição, para coma e morte. Ressaltamos que estes quadros mais graves são extremamente infreqüentes e ocorrem em pacientes resistentes à reposição vitamínica. O uso de álcool pode atrapalhar bastante neste ponto. Evite consumir álcool após a cirurgia. Isso é muito importante. Muito!

Dificuldade de cicatrização, queda de cabelos e fadiga podem ser sintomas de falta de proteínas, vitaminas e minerais (como zinco e ferro), além de ácidos graxos essenciais.

Normalmente, deve-se objetivar o aporte protéico através das fontes animais (carne, ovos, leite, queijos), mas em muitos casos podem ser necessários *suplementos protéicos*, que só devem ser usados por indicação do profissional de nutrição ou do endocrinologista. Algumas indústrias desenvolveram nos últimos anos, *suplementação líquida rica em proteínas isenta de açúcar*, em embalagens com 200 ml. A Associação Americana de Cirurgia Bariátrica recomenda o uso de suplementos protéicos líquidos, para atingir pelo menos 60 gramas por dia, mas alguns preconizam mais, até 90 gramas de proteínas por dia. A desnutrição por falta de proteínas é mais comum após as derivações biliopancreáticas, mas pode ocorrer após qualquer cirurgia bariátrica.

Os suplementos que se revelam mais adequados em relação à composição de vitaminas e minerais são alguns dos desenvolvidos para gestantes, pois apresentam uma quantidade maior de ácido fólico, ferro, cálcio, vitamina D e vitamina B-12.

Pode ser necessário, de acordo com os exames, fazer a reposição de cálcio, de vitamina D ou de ambos. Para aumentar o aporte de cálcio e proteína, pode-se orientar o paciente a acrescentar em 100 ml de leite uma colher de sopa de leite em pó desnatado. Não há problema em usar o leite em pó puro ou leites disponíveis no mercado com 50% a mais de cálcio.

Falta de vitaminas e minerais pode provocar dificuldade de cicatrização, queda de cabelo e fadiga. Falta de vitamina B-12 pode levar a anemia e "língua careca". Persistindo, pode afetar a medula e os nervos dos membros, com sintomas de formigamentos nos pés, depressão, irritabilidade e falta de memória.

O entendimento da nova e permanente anatomia do trato gastrointestinal criada com a cirurgia e suas *alterações de funcionamento* são importantes para auxiliar no tratamento das complicações após a cirurgia bariátrica. É importante estimular a aderência do acompanhamento regular a longo prazo para monitorar a taxa de perda de peso, avaliar a adequação da ingestão dietética e rever exames de sangue. Pacientes devem usar pouca gordura e evitar alimentos que não têm bom valor nutricional. Suplementos específicos podem ser indicados individualmente. As consultas devem ser mais regulares para pacientes de risco de reganho de peso e pouco aderentes à dieta. A falta desse acompanhamento é fator contribuinte para o desenvolvimento e persistência de deficiências metabólicas. Em outras palavras, é o caminho para as coisas darem errado...

8

SERÁ QUE VOCÊ VAI PRECISAR DE CIRURGIA PLÁSTICA?

> *No inverno parece formosíssima a flor*
> *que na primavera nós desprezamos.*
> PETRUS METASTASIUS, poeta barroco

Esta é uma pergunta feita pela maioria dos paciente obesos antes de optar pela gastroplastia. Como ocorre em uma série de outras circunstâncias, cada caso é um caso. No entanto, é bastante comum que pacientes muito obesos necessitem posteriormente de uma cirurgia plástica, mas, **ATENÇÃO!**, os motivos não são unicamente estéticos. Já, já, responderemos à pergunta, mas antes vamos ver o que sucede após a operação.

> É comum que pacientes muito obesos necessitem posteriormente de uma cirurgia plástica, mas os motivos não são unicamente estéticos.

É claro que ninguém levanta da mesa de cirurgia imediatamente mais magro. O emagrecimento agudo ocorre nos primeiros dias – e semanas – subseqüentes. Após esta primeira estabilização, geralmente a pessoa vai estar cerca de 30% acima de seu peso **bom**, e poderá ter tendência a engordar um pouco. Depois, só com o tempo, mantendo uma alimentação e os suplementos adequados, ela poderá chegar ao seu peso desejável. **ATENÇÃO!** Estamos falando em peso desejável, não peso ideal. O peso ideal **talvez** seja alcançado a muito longo prazo, **mas não é o objetivo**.

Bem, depois de ter perdido muito peso, se a pessoa era muito obesa, ela poderá ficar com um "avental" de pele que não se retrairá com o tempo. Esse "avental", além de ser extremamente desconfortável, pode se tornar foco de irritações, assaduras, eczemas, enfim toda sorte de afecções cutâneas. É principalmente por isso, além dos motivos estéticos, que a cirurgia plástica pode ser aconselhável e necessária.

Da mesma forma, os seios podem ficar flácidos e pode haver sobras de pele nos braços e ns coxas. Vale sempre a frase que você já leu muitas vezes neste livro: **CADA CASO É UM CASO!** (É a primeira vez que lê? Então comece pelo começo!)

Mas, mais uma vez, **ATENÇÃO!**, o prazo para essa decisão não deve ser inferior a um ano, pois é conveniente que o peso do paciente tenha se estabilizado. Não há problema em tomar essa decisão dois ou mais anos após a operação.

Depois de ter emagrecido a pessoa muito obesa fica com um "avental" de pele que não se reduz e pode se tornar foco de irritações, assaduras, eczemas e outros problemas. Por isso, a cirurgia plástica pode ser aconselhável.

9

VOCÊ NÃO VAI ENLOUQUECER POR CAUSA DA OPERAÇÃO

Esses romanos são todos loucos!
OBELIX

Mas... e tudo o que sai na mídia dizendo o contrário?

Pois é, nem tudo o que a gente ouve falar é verdade. Você já sabia disso, não é? Temos vários exemplos por aí, notadamente nas promessas mágicas para o tratamento da obesidade.

Ah! Temos as campanhas eleitorais também... Ou barbaridades como o comentário a seguir (publicado na revista Newsweek, em setembro de 1990), um primor de preconceito e maledicência:

Essa informação {sobre a determinação genética da obesidade} deveria ser escondida das multidões de gordos já que o obeso se agarrará a qualquer desculpa para explicar sua falha em conseguir perder peso... Encare, fofão: quando foi o última vez que te obrigaram a comer? (Ken Hecht, jornalista).

> *A obesidade pode gerar problemas psiquiátricos, proporcionais ao tempo e ao grau de obesidade. De modo geral, a perda de peso está associada a uma melhora psíquica global, proporcional ao tamanho e à manutenção da perda de peso.*

Para aqueles que não querem ler este capítulo inteiro, onde alguns dos vários aspectos da superfície de contato entre a obesidade e fatores psiquiátricos serão abordados, é importante saber de umas coisinhas:

1. Ter um quadro psiquiátrico definitivamente NÃO é igual a ser/ficar/estar louco.

2. Em termos de relação causa-efeito, problemas psiquiátricos só causam obesidade na **minoria** das vezes.

3. Na maioria das vezes o contrário é verdade, ou seja, a presença da obesidade causa problemas psiquiátricos, de modo proporcional ao tempo de obesidade e ao grau de obesidade.

4. A regra é que a perda de peso está associada a melhora do funcionamento psíquico global, proporcional ao tamanho e à duração da manutenção da perda de peso. Assim, o título do capítulo é auto-explicativo.

5. Não querer se informar completamente sobre o problema a ser resolvido (mesmo lendo coisas chatas como este capítulo) é condição sine qua non para se obter resultados aquém dos desejados. Perca um pouco de tempo para conhecer assuntos para você relevantes.

Para aqueles que querem ler, vamos tentar tornar a leitura mais agradável, sistematizando o capítulo da seguinte maneira:

1. Problemas psiquiátricos causando obesidade:
a. Obesidade intrínseca ao problema psiquiátricos
e/ou
b. Obesidade causada por medicações psiquiátricas.

2. Obesidade causando problemas psiquiátricos
a. Como conseqüência direta da obesidade
e/ou
b. Como conseqüência dos tratamentos da obesidade.

3. Ocorrência de obesidade e problemas psiquiátricos ao mesmo tempo, mas sem relação de causa-efeito definida:
a. Presença de obesidade em pacientes psiquiátricos
e
b. Presença de problemas psiquiátricos em pessoas obesas.

Por que escolhemos começar pela exceção?
Porque é a exceção que reina como regra na cabeça de um monte de gente, infelizmente na de alguns profissionais de saúde e, muito provavelmente, na sua também, amigo leitor. Esperamos por em xeque mais este preconceito, pelo menos para você. Saiba que esta é a postura dos pesquisadores sérios em todo o mundo. Veja nas leituras recomendadas.

1. Problemas psiquiátricos causando obesidade

a. Obesidade intrínseca ao problema psiquiátrico

Alguns quadros psiquiátricos cursam com o aumento de peso.

É o caso de um tipo de quadro depressivo, que apresenta aumento do sono e aumento do apetite. Neste caso, dá-se o diagnóstico de depressão atípica (o nome se refere ao fato de que o típico em quadros depressivos seria falta de apetite e insônia). Devido ao aumento da ingestão alimentar e à diminuição da atividade física, o ganho de peso é uma conseqüência deste quadro. Quantas pessoas apresentam este quadro? A resposta é variável, mas uma estimativa aproximada é que 1,5% a 4% da população geral apresentem este quadro.

Outro quadro que cursa com obesidade é o transtorno da compulsão alimentar periódica (TCAP), caracterizado por episódios recorrentes de compulsão alimentar, não associados à bulimia nervosa nem à anorexia nervosa.

Quantas pessoas apresentam o TCAP? Dois a três por cento da população geral. Uma boa parte destas pessoas apresenta o quadro depressivo atípico associado.

Apesar de haver outras situações que caberiam neste item, elas são ainda menos freqüentes do que as citadas acima.

Nenhum destes quadros justifica o aumento incrível da prevalência da obesidade.

Outra coisa:

Não há nenhuma evidência científica que sugira que haja um tipo específico de personalidade do indivíduo obeso. Isso não quer dizer que o obeso não tenha personalidade.

Não há nenhuma evidência científica que sugira que haja um tipo específico de funcionamento psicológico do indivíduo obeso. Isso não quer dizer que o funcionamento psicológico do obeso não funcione.

Não há nenhuma evidência científica que sugira que a obesidade seja uma doença psicossomática, ou seja, de que ela seja conseqüência de algum problema psíquico específico.

b. Obesidade causada por medicações psiquiátricas

Vários medicamentos psiquiátricos podem (leia de novo, dissemos **podem**) causar aumento de peso. Esta não é uma exclusividade destes agentes, como está dito no Capítulo 3.

Assim, de modo indireto, um quadro psiquiátrico levaria a um aumento de peso. Se você está entre este grupo, sugerimos que discuta com seu médico este aspecto.

Porém, como dissemos acima, isto não é uma maldição, ou seja, muitas pessoas não ganham peso com estes medicamentos.

Nem pense em parar qualquer medicação sem falar com seu médico! O tiro vai sair pela culatra.

2. Obesidade causando problemas psiquiátricos

a. Como conseqüência direta da obesidade

A maior parte dos quadros psiquiátricos pode ser simplificadamente entendida como uma *interação entre aspectos genéticos e aspectos do meio ambiente*. Assim, se eu tiver uma vulnerabilidade individual para desenvolver determinado quadro, quando eu estiver exposto a determinada configuração ambiental (quer seja estresse, drogas, alimentação, outras doenças, alterações hormonais), eu desenvolverei esta doença. Quanto maior for minha vulnerabilidade, menor terá de ser o fator ambiental para que eu apresente determinada doença. E vice-versa.

Ser obeso nos dias que correm é um dos maiores fatores

estressores que existem: os amigos recriminam (mesmo disfarçadamente, com piadas), os patrões recriminam, os parceiros amorosos recriminam, a TV recrimina, a moda e as lojas de roupas recriminam, o restaurante e o cinema recriminam e, pior, o profissional de saúde recrimina! Fique à vontade para substituir recriminar por discriminar. Os dois são verdadeiros.

> Atualmente, ser obeso é um grande fator de estresse: todo mundo recrimina, mesmo que disfarçadamente, com piadas - os amigos, os patrões, os parceiros amorosos, a moda a TV e até mesmo o profissional de saúde!

Isso para não falar dos problemas fisiológicos que a obesidade causa, abordados em outra parte do livro.

O quadro geral ficou bem claro, não?

Ser obeso é um grande fator de risco para aparecimento de quadros psiquiátricos e para se desfrutar de um baixíssimo nível de qualidade de vida. E isso se comprova na prática, ao menos naquela população que procura se tratar da obesidade.

b. Como conseqüência dos tratamentos da obesidade

Com exceção de uma (o orlistate), todas as medicações aprovadas para o tratamento da obesidade no Brasil e no mundo atuam no cérebro de modo significativo.

Assim, é uma possibilidade real o aparecimento de quadros psiquiátricos associados ao uso destas substâncias.

O que isso significa? Que estas medicações devem ser banidas?

Não. De jeito nenhum!

Significa que, a exemplo do que foi dito das medicações

psiquiátricas, elas devem ser usadas de modo responsável tanto do ponto de vista técnico como ético.

Muitos pacientes ainda precisarão fazer uso de medicações aprovadas para tratamento da obesidade mesmo depois da cirurgia.

Infelizmente, no nosso meio, várias destas substâncias são usadas de modo inadequado, causando conseqüências às vezes terríveis. Mas a culpa não é das substâncias. A culpa é da má prescrição, da associação de várias substâncias, da venda sem receita adequada, do contrabando e de outros aspectos marginais. Faz-se qualquer negócio para emagrecer! Às vezes, até morrer. Não caia nessa, amigo!

É claro que determinada pessoa poderá se dar mal com determinada medicação, mesmo quando adequadamente prescrita. Isto não é "privilégio" das medicações antiobesidade.

É função do médico identificar e solucionar problemas.

É função sua avisar o(a) médico(a) sobre eventuais efeitos colaterais e, principalmente, é função sua **nunca se automedicar**. E automedicar-se inclui não procurar profissionais cuja consulta se resuma a passar uma "fórmula", pois isso é considerado má prática médica.

E quanto à cirurgia?

A não ser por relatos muito mal feitos e pouco confiáveis[6], não há qualquer evidência de que haja aparecimento de quadros psiquiátricos causados pela cirurgia, com exceção daqueles associados a déficits de nutrientes e, portanto, previsíveis e evitáveis (vide Capítulos 5 e 7).

---

6 - São pouco confiáveis por questões metodológicas e por partir do pressuposto de que a obesidade seria uma defesa contra conflitos psíquicos inconscientes. Com a retirada do quadro de obesidade, quadros psíquicos eclodiriam. Felizmente, esta linha de pensamento tende ao ostracismo, frente à avassaladora quantidade de provas em contrário. Contudo, somos bombardeados com ecos deste anacronismo ainda nos dias atuais por parte da mídia leiga.

3. Ocorrência de obesidade e problemas psiquiátricos ao mesmo tempo, mas sem relação de causa-efeito definida

a. Presença de obesidade em pacientes psiquiátricos

Nos últimos anos, vários artigos têm sido publicados, demonstrando que alguns quadros psiquiátricos têm uma maior tendência a estarem associados ao que hoje se chama de **síndrome metabólica**[7]. Entre eles, os mais estudados são o transtorno bipolar do humor e a esquizofrenia (não é nosso foco discutir estes quadros).

Este fato não quer dizer que:
Os quadros citados **causem** obesidade
nem que:
A obesidade **cause** estes quadros.
Provavelmente, a associação entre estas patologias será mais bem explicada no futuro, quando tivermos conhecimento mais aprofundado sobre mais dos *aspectos causais* e dos *mecanismos das doenças*.

Porém, um aspecto deve ser lembrado: muitas das medicações usadas no tratamento das citadas doenças psiquiátricas cursam com aumento de peso. E não é possível a retirada da medicação. Mesmo a troca não é sempre possível. Nestes casos, a cirurgia pode ser uma saída adequada, desde que todas as tentativas mais conservadoras se mostrem inefetivas e desde que os cuidados básicos sejam sempre tomados.

---

[7] - Obesidade associada a uma série de alterações metabólicas, já citadas neste livro.

b. Presença de problemas psiquiátricos em pessoas obesas

A prevalência de quadros psiquiátricos em pessoas obesas é parecida com a prevalência em pessoas não obesas. Porém, em pacientes obesos (pessoas obesas que buscam tratamento) ela é maior, como já dissemos.

Em candidatos à cirurgia, ou seja, pacientes obesos mórbidos, ela pode ser até 3 vezes maior.

Uma boa parte dos quadros melhora ou passa com a perda de peso. Os outros precisarão de tratamento, antes e/ou depois da operação.

Concluindo:

As operações antiobesidade parecem não só ser seguras na imensa maioria dos casos psiquiátricos e psicológicos como parecem ser terapêuticas numa grande parcela desses casos.

Será mera coincidência ser exatamente o mesmo que ocorre com o resto das doenças associadas à obesidade?

No capítulo seguinte, discutiremos...

EI, ESPERA AÍ! E TUDO O QUE SAI NA MÍDIA DIZENDO O CONTRÁRIO?

OK.

Há, de fato, uma teoria sobre um quadro chamado de síndrome da deficiência de recompensa (SDR). Este quadro ainda não é reconhecido como sendo uma doença propriamente dita.

Simplificadamente, pessoas que teriam a síndrome da deficiência de recompensa seriam viciáveis/viciadas na ativação de áreas cerebrais relacionadas às sensações de recompensa.

A comida ativa estas áreas. A hipótese seria que, sem a

comida (no pós-operatório, por exemplo), estas pessoas passariam a buscar a ativação destas áreas de outras maneiras (drogas, álcool, sexo compulsivo, compras compulsivas, jogo compulsivo).

Há alguns problemas ainda não resolvidos nesta teoria, no campo que nos interessa neste livro:

Não haveria possibilidade de outro diagnóstico psiquiátrico para alguns destes pacientes? Achamos que sim, há esta possibilidade.

Mas vamos admitir que não haja. Então:

Quantos dos candidatos à cirurgia de obesidade teriam a síndrome de deficiência de recompensa? Não temos como saber.

Este é um problema que a maior parte destes pacientes tem? Não temos como saber.

Como identificá-los? Não temos como fazer.

Depois de identificados, como tratar a síndrome? Não sabemos.

Depois de identificados, seria melhor não tratar da obesidade deles devido ao risco de que desenvolvam as outras compulsões? Se sim:

Como quantificar este risco? Não sabemos.

Qual risco é maior: este ou a soma dos riscos de doenças e de morte da obesidade? Provavelmente, o segundo.

O paciente pode dar algum palpite? Deveria poder.

É nossa opinião que as evidências neste sentido não são suficientes para contra-indicar as cirurgias e que, mesmo se houver o aparecimento da síndrome de deficiência de recompensa, ela não seria causada **pela cirurgia** e, sim, **pelo tratamento bem sucedido da obesidade**: a diminuição na quantidade de comida ingerida.

Assim, se e quando esta síndrome vier a ser ratificada, a

real escolha será entre desenvolver a síndrome ou continuar obeso mórbido, ao menos dentro do conhecimento disponível atualmente. Quem fará a escolha, neste dia hipotético?

Todos já ouvimos sobre a troca de compulsão, sobre casamentos desfeitos e outras mazelas associadas à cirurgia da obesidade.

Mazelas são fatos muito mais publicáveis do que os benefícios - incontáveis - da perda de peso obtida com a cirurgia. Mazelas vendem jornais e revistas, e "aumentam a audiência".
Desgraça parece ser mais interessante que benefícios.
Um dos autores foi instado, numa entrevista na televisão, a realçar os aspectos negativos da cirurgia, pois "os positivos não são mais notícia". Obviamente, ele não fez isso. E nunca mais aceitou convites da entrevistadora.

Ainda há quem duvide do veredicto. Por isso, tire suas conclusões com cuidado, acompanhado por profissionais gabaritados e de sua confiança.

> *As operações antiobesidade parecem ser seguras na maioria dos casos psiquiátricos e psicológicos, além de serem terapêuticas na maior parte dos casos.*

10

O SUS E OS CONVÊNIOS DEVEM COBRIR ESSE TIPO DE CIRURGIA?

> *Considerando a prevalência de obesidade mórbida e a verificação de casos que não respondem aos tratamentos habituais, o Ministro de Estado da Saúde resolve aprovar o protocolo de indicação de tratamento cirúrgico da obesidade mórbida.*
> JOSÉ SERRA

É evidente que sim, e já o fazem!

Pois veja: se obesidade é uma doença que pode levar a complicações graves, e se a cirurgia da obesidade apresenta uma relação risco/benefício favorável, não há como responder o contrário. Há trabalhos que mostram que, no longo prazo, mesmo economicamente o gasto com a cirurgia se justifica, pelas consultas e internações que a obesidade e suas complicações acarretariam – mesmo levando em consideração o acompanhamento médico pós-operatório vitalício.

O Ministério da Saúde aprovou o Protocolo de Indicação de Tratamento Cirúrgico da Obesidade Mórbida – Gastroplastia no âmbito do Sistema Único de Saúde – SUS em 2001 (ver Apêndice D).

Em 2005, o Ministério da Saúde fez a revisão do protocolo de atendimento por meio de uma portaria que regula os critérios da cirurgia bariátrica, a cirurgia de redução de estômago. A nova portaria estabelece três novos tipos de cirurgia, que se adequam à especificidade de cada caso: a gastroplastia vertical com banda; a gastroplastia com derivação intestinal e a gastrectomia com ou sem desvio duodenal. Além dos novos procedimentos pagos pelo SUS, a portaria também garantiu ao paciente um tratamento mais humanizado e multidisciplinar. Psicólogos, nutricionistas e até cirurgiões plásticos, no caso de cirurgias reparadoras, podem ser pagos pelo SUS para efetuar o tratamento. A expectativa do Ministério, com essa portaria, é aumentar o número de procedimentos para tratar a obesidade mórbida.

As cirurgias da obesidade são denominadas pelos códigos da Classificação Brasileira Hierarquizada de Procedimentos Médicos (CBHPM): colocação de banda gástrica ajustável por videolaparoscopia (código 3.10.02.28-5), gastroplastia para obesidade mórbida – qualquer técnica (código 3.10.02.21-8) e gastroplastia para obesidade mórbida por videolaparoscopia (código 3.10.02.39-0).

Procedimentos cobertos pelo SUS devem ser também contemplados pelos planos de saúde. Embora esta seja uma exceção, muitos pacientes, quando a indicação é legítima, necessitam ingressar com representações junto ao Ministério Público para garantir a realização da cirurgia através de liminar, quando o convênio recusa-se a pagar pelo procedimento. Felizmente, isso tem se tornado cada vez mais raro.

Em 2007, novas vitórias foram conseguidas, incluindo aprovação de videolaroscopia pelo SUS em alguns casos.

> *Procedimentos contemplados pelo SUS devem ser também cobertos pelos planos de saúde.*

11

ALGUNS PACIENTES CONTAM SUAS EXPERIÊNCIAS

> *Quem não se comunica se trumbica.*
> CHACRINHA

Eis o capítulo de depoimentos! Isto apesar de limites sérios que o formato apresenta.

Que limites?

Que bom que você perguntou, pois, como dissemos, achamos que eles são sérios e que, portanto, você deve prestar atenção a eles.

Por mais isentos que tenhamos tentado ser, você deve ter em mente que:

1. Fizemos uma lista de pacientes e dela escolhemos alguns nomes. Qualquer escolha pressupõe um viés, ou seja, uma possibilidade de erro introduzida pelos autores da lista. Nós não escapamos desta regra: por que fizemos a lista desta ou daquela maneira, por que escolhemos esta e não aquela pessoa? Nem sempre as respostas a estas questões são razoáveis e/ou conscientes.

2. É evidente que só os pacientes que quiseram dar depoimentos o fizeram. Assim:

a. Será que quem deu o depoimento foi 100% franco? Lembre-se: ter uma doença (por exemplo, obesidade) não faz com que a pessoa seja boazinha ou malvadinha, sincera ou mentirosa, "do Bem" ou "do Mal". Esta visão moralista da doença é um preconceito, é uma bobagem.

b. O que será que os que não quiseram dar depoimentos pensam dos resultados da operação?

c. E por que será que não quiseram dar depoimentos?

d. Será que esta recusa tem relação com o resultado da operação?

e. Será que não tem?

3. Numa situação de "depoimento", as pessoas tendem a exagerar alguns fatos e a omitir outros, numa tentativa de ser coerente. Explicamos: se estou satisfeito com alguma coisa, tentarei passar esta sensação de modo coerente, os pontos negativos serão minimizados. O contrário é obviamente válido também. Adeus à objetividade e olá à conversa de salão de beleza. Ou de botequim... Calma, somos politicamente corretos...

Epa!
Somos mas não fomos!
Deduz-se que salão de beleza é ambiente feminino e botequim, masculino. Nos dias que correm, o correto seria...
Chega! Melhor deixar esta questão para eventualmente ser discutida em outro livro.

4. Ainda numa situação de "depoimento", a pessoa tenderá a agradar aquele que as convidou a depor. Assim, pontos positivos serão realçados se o entrevistador passar a idéia de

que gosta do procedimento. O contrário, novamente é válido.

Isso, para não falar de pessoas que são do "contra": aí, se o entrevistador gostar, ela não gostará e vice-versa.

5. Qualquer depoimento é como uma fotografia, ou seja, uma semana depois que ele foi dado, a pessoa pode estar se sentindo diferente; um depoimento não é um compromisso, não é um contrato, não é uma jura. Um depoimento tem prazo de validade. Renovável mas limitado!

Assim, alguém que se sinta ótimo hoje pode se sentir mal amanhã e, de novo, vice-versa. Sabemos que é óbvio, mas apesar disso a "sede" por depoimentos é grande...

Estas questões estão entre aquelas que diferenciam o pensamento (e, portanto, o estudo e o conhecimento) científico da imensidão de bobagens que abundam por aí, notadamente no campo da obesidade e de seus tratamentos. O grupo das bobagens tem uma conversa muito mais sedutora e desonesta, no mínimo do ponto de vista conceitual, já que garante, nas entrelinhas, ter a posse da verdade. **Ninguém** tem esta posse, até porque a verdade também pode mudar... Fuja, fuja mesmo, de promessas milagrosas e verdades absolutas.

Apesar destes limites, um depoimento traz duas características que o conhecimento científico não traz.

E são estas características que fazem os depoimentos tão mais chamativos e interessantes:

1. A possibilidade de identificação com um semelhante, método que usamos desde os primeiros tempos de nossas vidas e que nos define como seres sociais. Essa identificação tem aspectos positivos, claro. Mas tem um negativo: ela parece permitir uma previsão individual, dando

uma sensação de alívio. A má notícia é que isso não é verdade, como tentamos mostrar ao longo deste texto introdutório do livro e **CADA CASO É UM CASO**, lembra?.

2. Parece garantir que o método e os aplicadores do método (no caso, as equipes multidisciplinares cirúrgicas), são confiáveis no sentido científico do termo. Novamente, não há garantia disso provinda de depoimentos individuais, devido às possíveis fontes de erro que citamos acima.

Assim, se mantivermos nosso espírito crítico ativo, depoimentos deste tipo podem ser uma boa, no final das contas. Tão bons quanto uma guloseima: de vez em quando, em situações específicas e em pequena quantidade.

Mais quatro coisas antes de irmos ao que interessa:

1. Sem fotos do tipo de "antes e depois", por favor!

2. As iniciais e ocupação dos pacientes são falsas. Só idade, sexo, tempo de cirurgia, técnica cirúrgica e conteúdo do depoimento são verídicos.

3. Como nem tudo o que foi escrito nesta introduçãozinha é lisonjeiro, todos os escolhidos para depor tiveram acesso ao formato final da mesma antes de darem seus depoimentos.

4. Foi permitido ao depoente retirar seu depoimento até o prazo máximo para a impressão do livro.

Mas, vamos aos depoimentos.

A gota d'água que me fez procurar a cirurgia de redução do estômago foi quando deixei de ter medo da cirurgia. Eu não agüentava mais viver obesa, com 38 anos e 102 quilos, e um derrame que, graças a Deus, não deixou seqüelas. Antes de operar, vivia triste, solitária, depressiva e compulsiva. Após a separação do meu (ex-)marido, passei a viver com minha mãe. Não me sentia mais 'mulher', tinha vergonha de mim mesma e estava sempre conformada, quieta e isolada, como se eu fosse inferior a todos. Perdi muito peso com a cirurgia, mas sigo rigorosamente as orientações do meu médico. Como carne, tomo leite, tomo as vitaminas que preciso. O meu relacionamento com algumas pessoas e mesmo com a família mudou muito, pois incomodo as pessoas ao meu redor, que se acostumaram com essa mulher que não era o meu verdadeiro "eu", que era insegura, manipulável, influenciável. Agora me sinto livre, sou paquerada, posso viver, passear, experimentar de tudo, desde esportes radicais, comidas diferentes, roupas que nunca tive coragem de usar. Comprar roupas pela primeira vez numa loja normal foi uma emoção indescritível. Enfim, a vida tem um gosto que eu nunca senti. Hoje peso 59 quilos, fiz a plástica de mamas 13 meses depois da operação e a de abdômen está programada. Minha ansiedade e 'voracidade' estão controladas. Sou outra pessoa e gosto muito mais de mim mesma.

ACM, professora, bypass gástrico

Resolvi que precisava definitivamente da cirurgia quando fiquei entalada na roleta do ônibus. Apesar de sofrer de pressão alta, pré-diabetes, depressão e dores nas pernas, foi aquela situação humilhante que fez minha opinião mudar e me fez optar pela solução da cirurgia. Operei há 5 anos. Tenho 44 anos, estatura de 160 cm e pesava 115 quilos. Antes de operar, não saía mais, me fechei para o mundo e só ficava em casa. Chorava muito e comia, comia sem parar. Hoje estou com 63 quilos, minha auto-es-

tima melhorou muito e não paro mais em casa. Tive anemia, porque não segui as recomendações dos médicos. O medo de voltar a ser obesa era tão grande que deixei de tomar as vitaminas e tive que tomar transfusão de sangue e ferro na veia. Hoje estou consciente de que as vitaminas não me farão engordar e sigo o máximo que posso as orientações.

SRLA, do lar, bypass gástrico

Já pesei 141 quilos e tenho 1,68 m de altura. Quando operei, há um ano e meio, quase não conseguia mais andar e tinha apnéia do sono grave. Dormia com auxílio de um aparelho de pressão positiva (CPAP), regulado em uma pressão muito elevada. Tinha pressão alta, diabetes e bronquite também. Não conseguia mais trabalhar – imagine um eletricista de 140 quilos pendurado numa escada! A vida era um pesadelo horrível, deprimente e humilhante. Hoje, com 88 quilos, sou outra pessoa. Não tenho mais apnéia, nem pressão alta e nem bronquite. Meu diabetes é controlado só com dieta. Tomava 11 comprimidos por dia, e hoje tomo só o comprimido de polivitamínico e uma injeção de vitamina a cada três meses. Nasci de novo e operaria novamente se fosse necessário.

JJ, eletricista, banda gástrica

Pesava 113 quilos e precisava emagrecer por questões de estética, auto-estima e saúde. Há mais de dez anos tentava perder peso sem êxito. Passei por muitas frustrações por causa do meu peso. Operei há quase dois anos e foi a melhor opção que já fiz. Hoje estou com 68 quilos e tenho uma vida nova. Não só pela melhora na aparência, mas pela visão que tenho da vida: procuro aproveitar cada minuto, que antes desperdiçava. Via no rosto das vendedoras um ar de reprovação quando "tentava" experimentar uma roupa ("esta roupa não é para você"). As frustrações desse tipo foram muitas – e a amargura acabava toda neutralizada por algum doce ou sorvete da praça de alimentação do shopping. Agora posso escolher, e não levar só porque me serviu, só porque tem a numeração. Antes de operar me perguntavam se eu "tinha coragem de me mutilar". Absurdo, pois mutilação é o que eu fazia comigo antes, sentindo dores nas pernas e vergonha de sair de casa. Hoje eu sou feliz, sou a pessoa que estava escondida dentro de mim e me arrependo de ter pensado tanto e de não ter feito a cirurgia alguns anos antes

ALI, empresária, bypass gástrico

Sempre gostei de comer muito, mas muito mesmo. Enquanto era atleta, precisava só de vez em quando dar um tempo com a comida. Aí, nem sei porque, virei sedentário. Moral: antes da cirurgia tinha chegado a 148 quilos distribuídos em 1,75 m de altura. Fiz a cirurgia há seis anos. Cheguei a pesar 83 quilos, mas hoje estou com 102 quilos. Prometi prá você que voltaria ao esquema. No próximo mês, minha vida fica mais calma, aí eu volto, "pode deixar".

MFR, médico, bypass gástrico

Nunca nem quis pensar em fazer a operação. Meu peso TINHA de estar sob meu controle. Só eu não via que não estava. Como não queria algo mutilante, optei pela banda, depois de muita pressão por parte da família e do meu antigo médico. Foi uma catástrofe! Operei com 120 quilos, mas como beliscava muitos doces, ganhei 20quilos, apesar da banda! Resolvi tirar a banda, troquei de cirurgião e fiz um bypass. Não vou dizer que vida virou cor-de-rosa, mas hoje tenho 30 quilos a menos que meu peso orginal e me sinto uns dez anos mais jovem.

RDG, professora,
mudou de banda gástrica ajustável para bypass gástrico

12

PALAVRAS FINAIS

Revele o truque, senhor de todos os segredos!
LOCUÇÃO NO PROGRAMA FANTÁSTICO

De quem você gosta mais? Do David Copperfield ou do Mister M?

Não, não, calma. Não houve erro da editora.

Você continua com o livro sobre cirurgia de obesidade.

Acontece que, como estamos praticamente no final do livro, vale uma reflexão a título de resumo e de conclusão. E nada melhor do que uma metáfora para isso. Pelo menos, em nossa opinião.

Você vai perceber ao ler este capítulo que uma mesma conduta (no caso, revelar segredos ou esclarecer pontos misteriosos) pode ter duas conotações diferentes, uma adequada e uma, no mínimo, menos adequada.

Pois bem. Para aqueles mais jovens ou para aqueles que não entenderam nada desde o título deste capítulo até aqui, seguem algumas explicações.

David Copperfield é um ilusionista norte-americano que fez coisas muito intrigantes. Entre elas, fazer desaparecer a Estátua da Liberdade, levitar sobre o Grand Canyon e passar através da Muralha da China.
Bom, ele não fez estas coisas de verdade, é óbvio.
Ele criou brilhantemente a ilusão de que fez. Não existe mágica!
Como ele fez isso? Não temos a menor idéia. Talvez o sujeito abaixo saiba...

Mister M era (é?) um ilusionista mascarado (no sentido literal da expressão) que fez muito sucesso alguns anos atrás num programa dominical revelando como alguns truques eram realizados. Usava uma máscara, pois alegava que os seus colegas ficariam irados com ele e poderiam tentar retaliá-lo.
Os dois mágicos são antagônicos, como se pode perceber. Um diverte com o segredo e o outro revela o segredo sem necessariamente divertir. O máximo de diversão é um "Puxa, é assim que se faz então?". E lá se foi a magia.

De quem você gosta mais? Fique à vontade para escolher.
Nós preferimos o primeiro, pois achamos que o segundo quebra a graça da idéia e da arte do ilusionismo. Além disso, ele toma uma conduta meio questionável em termos de ética profissional, já que os segredos dos ilusionistas não prejudicam ninguém por serem secretos e são exatamente deles que gostamos.

De quem você **deveria** gostar mais? Aí, depende.

Se for para se divertir, novamente fique à vontade, escolha quem quiser.

Agora, se for para cuidar de sua saúde, aqui a coisa é diferente. Fuja do profissional de saúde cheio de segredos e jargões indecifráveis. Prefira o profissional que revelar para você todas as facetas da "mágica" que ele se propõe a ajudar você a realizar:

• As facetas boas que, afinal, justificam o tratamento e são, indubitavelmente, muitas,
• As ruins, infelizmente presentes,
• Os perigos, como evitar estes perigos e como lidar com eles,
• A preparação da equipe terapêutica disponível para lidar com cada problema que pode surgir,
• E, finalmente, a sua responsabilidade no sucesso do tratamento, caro leitor.

Esta foi nossa intenção com este livro. Sermos um tipo de fofoqueiros do Bem e contar para você da maneira mais palatável possível todos os truques e pegadinhas que conhecíamos a respeito do tema. Sabemos que esta é também a postura dos muitíssimos profissionais sérios de todas as áreas da saúde.

Por isso mesmo, temos também certeza de que, ao contrário do mágico estraga-prazeres e dedo-duro, nossa postura não é nem polêmica nem antipática. Não precisamos usar nenhuma máscara. Na situação abordada por este livro, segredos e surpresas não são bem vindos e podem ser francamente catastróficos para todos, pacientes e equipe de saúde. É desejável que estes segredos sejam amplamente divulgados.

Esperamos que você tenha gostado e, mais ainda, esperamos que este livro tenha sido útil para você ou para alguém de quem você gosta.

APÊNDICE A
A REGULAÇÃO DO APETITE

Várias substâncias são produzidas no nosso organismo, que influenciam a fome, a saciedade e o gasto de calorias do organismo. Esse é um sistema de regulação bastante complicado e provavelmente o que conhecemos dele hoje representa apenas uma parte.

A *leptina* é produzida pelo tecido adiposo, circula no sangue e *informa o cérebro* sobre a quantidade de tecido adiposo armazenado no corpo. Ela diminui o apetite e aumenta o gasto de calorias, afetando a produção de outras substâncias pelo cérebro.

A *grelina* é produzida pelo estômago, e também através do sangue leva informações para o cérebro. A grelina é o hormônio da fome. Seu nível eleva-se quando o indivíduo está em jejum e antes das refeições e cai depois de comer. Ela faz o apetite aumentar e prepara as células do corpo para assimilar as calorias que estão sendo comidas.

A leptina e a grelina foram comparadas ao princípio do Yin-Yang. Na Medicina Chinesa, yin é o elemento das trevas e yang o da luz. A leptina e a grelina exercem ações opostas no cérebro, afetando também de maneira oposta a *secreção pelas células nervosas de outras substâncias*.

Alguns peptídeos são produzidos no *final do intestino delgado*, em resposta à passagem do alimento pela luz do intestino. É o caso do peptídeo YY e do *GLP-1*. Ambos agem no cérebro promovendo saciedade, mas o GLP-1 também *faz a comida permanecer mais tempo no estômago e melhora a produção de insulina pelo pâncreas em resposta à alimentação*. O GIP é um *outro hormônio, produzido no começo do intestino delgado*, que parece ter relação com a saciedade e que também aumenta a produção de insulina pelo pâncreas após comer.

A insulina, produzida no pâncreas, quando age no cérebro tem um efeito diminuidor do apetite.

Além das substâncias citadas, que parecem ser as mais importantes na regulação do apetite, existe também o fator mecânico, de distensão do estômago e respostas que são enviadas do estômago e intestino para o cérebro através dos nervos. A colecistoquinina, secretada pelo duodeno após a alimentação, tem funções ligadas aos movimentos do intestino e secreção da bile, mas promove saciedade. Essa informação parece ser *enviada ao cérebro por via nervosa*.

APÊNDICE B
APRENDENDO A COMER DE NOVO

Exemplo de cardápio com dieta de líquidos claros.

- **Café da manhã** - 7:00hs

Chá de ervas com adoçante (50 ml a cada meia hora até completar um volume de 200 ml).

- **Lanche** - 9:00hs

Suco de laranja diluído e coado com adoçante (50 ml a cada meia hora até completar um volume de 200 ml).

- **Almoço** - 11:00hs

Caldo de carne e hortaliças (50 ml a cada meia hora até completar um volume de 200 ml).

- **Lanche** - 13:00hs

Gelatina líquida diet (50 ml a cada meia hora até completar um volume de 200 ml).

- **Jantar** - 17:00hs

Caldo de frango e hortaliças (50 ml a cada meia hora até completar um volume de 200 ml).

- **Lanche** - 19:00hs

Suco de maracujá diluído e coado, com adoçante (50 ml a cada meia hora até completar um volume de 200 ml).

- **Ceia** - 21:00hs

Chá de ervas com adoçante 50ml.

EXEMPLO DE DIETA DE LÍQUIDOS COMPLETA.

- **Café da manhã** - 7:00hs

Mingau de amido de milho com adoçante (50 ml a cada ½ h, completando um volume de 200 ml).

- **Lanche** - 9:00hs

Suco de laranja diluído e coado (50 ml a cada ½ h, completando um volume de 200 ml).

- **Almoço** - 11:00hs

Sopa de frango e hortaliças, liquidificada e coada (50 ml a cada ½ h, completando um volume de 200 ml).

- **Lanche 1** - 13:00hs

Vitamina de maçã com leite desnatado pobre em lactose e com adoçante (50 ml a cada ½ h, completando um volume de 200 ml).

- **Lanche 2** - 15:00hs

Iogurte líquido light (50 ml a cada ½ h, completando um volume de 200 ml).

- **Jantar** - 17:00hs

Sopa de carne e hortaliças, liquidificada e coada (50 ml a cada ½ h, completando um volume de 200 ml).

- **Lanche** - 19:00hs

Leite desnatado e pobre em lactose (50 ml a cada ½ h, completando um volume de 200 ml).

- **Ceia** - 21:00hs

Suco de maracujá diluído e coado, com adoçante (50 ml a cada ½ h, completando um volume de 200 ml).

EXEMPLO DE DIETA LÍQUIDA/PASTOSA.

- **Café da manhã**

Papa de leite com pão sem casca (2 colheres de sopa) ou 70 ml.

- **Lanche**

Fruta amassada (2 colheres de sopa) ou 70 ml.

- **Almoço**

Salada de batata cozida e amassada (1 colher de sopa), papa de frango com molho suave (2 colheres de sopa).

- **Lanche**

Papa de iogurte light com bolachas (2 colheres de sopa).

- **Jantar**

Papa de carne, cenoura cozida e arroz (2 colheres de sopa). Sobremesa láctea diet (pudim de baunilha) (1 colher de sopa)

- **Ceia**

Leite desnatado (¼ de copo).

EXEMPLO DE DIETA BRANDA SEM AÇÚCARES.

- **Café da manhã**

Leite desnatado (¼ de copo) com uma fatia de pão torrado e uma fatia fina de queijo branco ou 1 colher de sopa rasa de requeijão light.

- **Lanche**

Fruta (½ unidade média ou 2 colheres de sopa).

- **Almoço**

Salada cozida (1 colher de sopa), carne moída ao molho (1 colher de sopa) e arroz (1 colher de sopa).

- **Lanche**

Chá (1/4 de copo) e uma fatia de pão torrado com geléia diet (1 colher de chá).

- **Jantar**

Salada cozida (1 colher de sopa), frango desfiado com purê de batata (2 colher de sopa).

- **Ceia**

Chá (1/4 de copo) com cracker (1 unidade).

APÊNDICE C
HOSPITAIS PÚBLICOS QUE FAZEM A GASTROPLASTIA GRATUITAMENTE

Fonte: Site da Sociedade Brasileira de Cirurgia Bariátrica, acessado em 17/06/2007,
HTTP://WWW.SBCB.ORG.BR/PACIENTE.PHP?COD=3

REGIÃO NORTE

Estados	Cidades	Hospitais
Pará	Belém	Ophir Loyola
		Barros Barreto
Tocantins	Palmas	Pró-Saúde
	Araguaína	Pró-Saúde

REGIÃO NORDESTE

Estados	Cidades	Hospitais
Alagoas	Maceió	UFAL
Bahia	Salvador	Clínicas
Ceará	Fortaleza	Cesar Cals
		Un. W. Cantídio
Maranhão	São Luís	Universitário
Pernambuco	Recife	Oswaldo Cruz
		Clínicas
		Otávio de Freitas
		Restauração

Região Centro-Oeste

Estados	Cidades	Hospitais
Distrito Federal	Brasília	Univ.FUB
Mato Grosso	Cuiabá	Soc.Prot.Mat.Inf.
Mato Grosso do Sul	Campo Grande	Santa Casa
		Regional
		Universitário
	Dourados	Evangélico

Região Sudeste

Estados	Cidades	Hospitais
Espírito Santo	Vitória	HUCAM
	Cachoeiro do Itapemirim	Evangélico
	Vila Velha	Evangélico
Minas Gerais	Belo Horizonte	Ass.Min.Ac.Recup.
		Clínicas
		Santa Casa
Rio de Janeiro	Rio de Janeiro	Ipanema
		Piedade
		Andaraí
		Salgado Filho
		Lourenço Jorge
		Fundão
		Santa Casa
São Paulo	São Paulo	Mandaqui
		Santa Casa
		Heliópolis
		Clínicas
		Hosp. SãoPaulo
		Santa Marcelina
		Santa Casa (Sto.Amaro)
		Benef.Portuguesa
		InCor

Estados	Cidades	Hospitais
	ABC	Fundação do ABC
		Santa Casa
		Univ. Anchieta
	Araçatuba	Santa Casa
	Botucatu	Clínicas (Unesp)
	Campinas	Unicamp
	Marília	Clínicas da Famema
		Unimar
	Piracicaba	Ass.Forn.Cana Pirac.
	Pres. Prudente	Santa Casa
	Ribeirão Preto	Clínicas
	São José do Rio Preto	Universitário
	São José dos Campos	Pio XII
	Sorocaba	SES Cj.H.Sorocaba

REGIÃO SUL

Estados	Cidades	Hospitais
Paraná	Curitiba	Clínicas
		Santa Casa
	Londrina	Universitário
	Maringá	Universitário
	Campina Grande do Sul	Caron
Santa Catarina	Florianópolis	Universitário
		Celso Ramos
	Blumenau	Sto. Antônio
	São José	Regional
Rio Grande do Sul	Porto Alegre	São Lucas (PUC)

APÊNDICE D

PORTARIA DO MINISTÉRIO DA SAÚDE
MINISTÉRIO DA SAÚDE

GABINETE DO MINISTRO
PORTARIA N° 628, DE 26 DE ABRIL DE 2001
DO 82 -E, DE 27/4/01

O Ministro de Estado da Saúde, no uso de suas atribuições legais;

Considerando a transformação que vem ocorrendo nos últimos anos nos padrões nutricionais da população brasileira;

Considerando que a obesidade constitui-se em preocupação relevante para a saúde pública, uma vez que impõe a seu portador fator de risco à saúde e limitações de qualidade de vida;

Considerando a prevalência da obesidade mórbida e a verificação de casos que não respondem aos tratamentos habituais, implicando num aumento da morbimortalidade de seus portadores;

Considerando a necessidade de ampliar a oferta de serviços na área de gastroplastia e de criar mecanismos que facilitem o acesso dos portadores de obesidade mórbida, quando tecnicamente indicado, à realização do procedimento cirúrgico para tratamento, resolve:

Art. 1° Aprovar, na forma do Anexo I desta Portaria, o

Protocolo de Indicação de Tratamento Cirúrgico da Obesidade Mórbida - Gastroplastia no âmbito do Sistema Único de Saúde - SUS.

§ 1º O Protocolo de que trata esta Portaria deverá ser observado na avaliação inicial dos pacientes, na indicação do procedimento cirúrgico e na descrição da evolução daqueles pacientes submetidos à gastroplastia;

§ 2º É obrigatório o preenchimento de todas as informações contidas no Protocolo, pelas unidades que efetuarem a avaliação inicial e pelos Centros de Referência que realizarem o procedimento e o acompanhamento clínico dos pacientes;

§ 3º Decorridos 12 (doze) meses da realização do procedimento cirúrgico, o Centro de Referência deverá, obrigatoriamente, enviar o Protocolo devidamente preenchido ao Ministério da Saúde/ Secretaria de Assistência à Saúde/Departamento de Sistemas e Redes Assistenciais/Coordenação-Geral de Sistemas de Alta Complexidade, para inserção no banco de dados de acompanhamento de cirurgia bariátrica;

§ 4º O não cumprimento do estabelecido no § 3º acarretará o descadastramento do Centro de Referência.

Art. 2º Aprovar, na forma do Anexo II desta Portaria, as Normas para Cadastramento e Centros de Referência em Cirurgia Bariátrica.

Art. 3º Relacionar, na forma do Anexo III desta Portaria, os hospitais já cadastrados no Sistema Único de Saúde como Centro de Referência em Cirurgia Bariátrica.

Art. 4º Manter na Tabela de Procedimentos do Sistema de Informações Hospitalares do Sistema Único de Saúde - SIH/SUS, o Grupo de Procedimentos e o procedimento abaixo discriminados:

33.106.04-5 - Cirurgia de Estômago V
33.022.04-6 - Gastroplastia

SH	SP	SADT	TOTAL	ATOMED	ANEST	PERM
1.000,67	215,90	130,58	1.347,22	386	284	10

Art. 5º Manter na Tabela de Órteses e Próteses do Sistema de Informações Hospitalares do Sistema Único de Saúde - SIH/SUS o material abaixo, para uso exclusivo no tratamento cirúrgico da obesidade mórbida:

Código	Quantidade	Nome	Valor
93.481.30-6	01	Kit grampeador linear cortante + 03 Cargas	1.265,09

Art. 6º Manter a compatibilidade entre o procedimento e o material abaixo descritos:

33.022.04-6 - Gastroplastia
93.481.30-6 - Kit grampeador linear cortante + 03 Cargas

Art. 7º Estabelecer que o procedimento e o material mantidos na Tabela do SIH/SUS, respectivamente pelos artigos 4º e 5º desta Portaria, somente poderão ser realizado/cobrado por hospital que esteja previamente cadastrado como Centro de Referência em Cirurgia Bariátrica.

Parágrafo único. As despesas decorrentes do Tratamento Cirúrgico de Obesidade Mórbida serão custeadas com recursos do Fundo de Ações Estratégicas e Compensação – FAEC

Art. 8º Definir que a Secretaria Executiva e a Secretaria

de Assistência à Saúde poderão emitir atos conjuntos em complemento ao disposto nesta Portaria.

Art. 9º Esta Portaria entra em vigor na data de sua publicação, revogando as Portarias GM/MS nº 252, de 30 de março de 1999, Conjunta SE/SAS nº 45, de 10 de novembro de 1999, GM/MS nº 196, de 29 de fevereiro de 2000, e GM/MS nº 1.157, de 11 de outubro de 2000.

JOSÉ SERRA

APÊNDICE E

RESOLUÇÃO CFM N° 1.766/05
(Publicada no D.O.U., 11 jul 2005, Seção I, p. 114)

Estabelece normas seguras para o tratamento cirúrgico da obesidade mórbida, definindo indicações, procedimentos aceitos e equipe.

O Conselho Federal de Medicina **RESOLVE**:

Art. 1° - Normatizar, nos termos dos itens do anexo desta resolução, o tratamento cirúrgico da obesidade mórbida.

Dr. EDSON DE OLIVEIRA ANDRADE - Presidente

Dra. LÍVIA BARROS GARÇÃO - Secretária-Geral

ANEXO

1- INDICAÇÕES GERAIS:

Pacientes com Índice de Massa Corpórea (ICM) acima de 40 kg/m^2.

Pacientes com IMC maior que 35 kg/m^2 e co-morbidades (doenças agravadas pela obesidade e que melhoram quando a mesma é tratada de forma eficaz) que ameacem a vida, tais como diabetes, apnéia do sono, hipertensão arterial, dislipidemia, doença coronariana, osteo-artrites e outras.

Idade: maiores de 18 anos. Idosos e jovens entre 16 e 18 anos podem ser operados, mas exigem precauções especiais e o custo/benefício deve ser muito bem analisado.

Obesidade estável há pelo menos cinco anos.

Pelo menos dois anos de tratamento clínico prévio, não eficaz.

Ausência de drogas ilícitas ou alcoolismo.

Ausência de quadros psicóticos ou demenciais graves ou moderados.

Compreensão, por parte do paciente e de seus familiares, dos riscos e mudanças de hábitos inerentes a uma cirurgia de grande porte e da necessidade de acompanhamento pós-operatório com a equipe multidisciplinar por toda a vida do paciente.

2 - RISCO CIRÚRGICO: deve ser compatível com o procedimento cirúrgico proposto e ausência de doenças endócrinas de tratamento clínico.

3 - EQUIPE: precisa ser capacitada para cuidar do paciente nos períodos pré e trans-operatório, e fazer o seguimento do mesmo.

COMPOSIÇÃO: cirurgião com formação específica, clínico, nutrólogo e/ou nutricionista, psiquiatra e/ou psicólogo, fisioterapeuta, anestesiologista, enfermeiros e auxiliares de enfermagem familiarizados com o manejo desses pacientes.

4- **HOSPITAL**: precisa apresentar condições adequadas para atender obesos mórbidos, bem como possuir UTI e aparelho anestésico regulável para ciclagem com grandes volumes e baixa pressão.

5 - PROCEDIMENTOS ACEITOS:

A) RESTRITIVOS:

1- BALÃO INTRAGÁSTRICO: colocação de um balão intragástrico com cerca de 500 ml de líquido, com 10% de Azul de Metileno, objetivando diminuir a capacidade gástrica do paciente, provocando a saciedade e diminuindo o volume residual disponível para os alimentos. Método provisório: o balão deve ser retirado no prazo máximo de seis meses.

INDICAÇÃO: adjuvante do tratamento de perda de peso, principalmente no preparo pré-operatório de pacientes com superobesidade (IMC acima de $50kg/m^2$), com associação de patologias agravadas e/ou desencadeadas pela obesidade mórbida.

CONTRA-INDICAÇÕES: esofagite de refluxo; hérnia hiatal; estenose ou divertículo de esôfago; lesões potencialmente hemorrágicas como varizes e ângiodisplasias; cirurgia gástrica ou intestinal de ressecção; doença inflamatória Intestinal; uso de antiinflamatórios, anticoagulantes, álcool ou drogas e transtornos psíquicos.

COMPLICAÇÕES: aderências ao estômago; passagem para o duodeno; intolerância ao balão, com vômitos incoercíveis; úlceras e erosões gástricas; esvaziamento espontâneo do balão; obstrução intestinal por migração do balão; perfuração gástrica; infecção fúngica em torno do Balão.

VIA DE ACESSO: endoscópica.

2- GASTROPLASTIA VERTICAL BANDADA OU CIRURGIA DE MASON: Nestes procedimentos é criado um pequeno reservatório gástrico na região da cárdia, com capacidade em torno de 20 ml, regulando-se a saída por um anel de polipropileno. Estas cirurgias provocam cerca de 20% de perda de peso.

INDICAÇÕES: pacientes não compulsivos, que não tenham o hábito de ingestão de doces em abundância e não se desviem da orientação nutricional, ingerindo líquidos ricos em calorias; caso contrário, os resultados são desanimadores.

VANTAGENS: causa mínimas alterações metabólicas, com baixa morbi-mortalidade e baixo custo. Procedimento reversível, preserva a absorção e a digestão. O estômago e o duodeno permanecem acessíveis à investigação endoscópica e radiológica.

DESVANTAGENS: perda de peso insatisfatória (menos de 50% do excesso de peso) por fístula gastrogástrica ou por intolerância progressiva maior à ingestão de líquidos ou pastosos hipercalóricos; maior ocorrência de vômitos; possibilidade de deiscência das linhas grampeadas, seguida de complicações intra-abdominais; procedimento inadequado tanto para pacientes que ingerem muito doce como para portadores de esofagite de refluxo.

VIAS DE ACESSO: convencional (laparotômica) ou por videocirurgia.

3- BANDA GÁSTRICA AJUSTÁVEL: é uma prótese de silicone que, colocada em torno do estômago proximal, faz com que este passe a ter a forma de uma ampulheta ou uma câmara acima da banda. O diâmetro interno da banda pode ser regulado no pós-operatório por injeção de líquido no reservatório situado no subcutâneo, de fácil acesso.

VANTAGENS: método reversível, pouco agressivo, permite ajustes individualizados no diâmetro da prótese. Com sua retirada é possível realizar de outros procedimentos bariátricos, mínimas repercussões nutricionais. Não há secção e sutura do estômago. Baixa morbimortalidade operatória e retorno precoce às atividades habituais.

DESVANTAGENS: custo elevado; perda de peso freqüentemente insuficiente a longo prazo; exige estrita cooperação do paciente em seguir as orientações dietoterápicas; riscos inerentes ao uso permanente de corpo estranho; inadequada para pacientes que ingerem muito doce e/ou apresentam esofagite de refluxo e hérnia hiatal; possibilidade de ocorrência de complicações a longo prazo, como migração intragástrica da banda, deslizamento da banda e complicações com o reservatório.

VIA DE ACESSO: convencional (laparotômica) ou por videocirurgia.

B) CIRURGIAS DISABSORTIVAS:

Essas cirurgias (PAYNE OU BYPASS JEJUNO-JEJU-

NAL) estão proscritas em vista da alta incidência de complicações metabólicas e nutricionais a longo prazo. O princípio fundamental das mesmas é a perda, pelas fezes, das calorias ingeridas. As complicações ocorrem pela grande quantidade de intestino desfuncionalizado, que leva a um supercrescimento bacteriano no extenso segmento intestinal excluído, provocando alta incidência de complicações digestivas, tais como diarréia, cirrose, pneumatose intestinal e artrites. Pelo exposto, não mais devem ser realizadas.

C) CIRURGIAS MISTAS: As cirurgias mistas para tratamento de obesidade mórbida associam restrição e disabsorção em maior ou menor grau do intestino, dependendo da técnica empregada e da extensão do intestino delgado excluído do trânsito alimentar.

1- CIRURGIA MISTA COM MAIOR COMPONENTE RESTRITIVO: esse grupo de cirurgias compreende as diversas modalidades de bypass gástrico com reconstituição do trânsito intestinal em "Y de Roux".

CIRURGIA DE FOBI, CIRURGIA DE CAPELLA E CIRURGIA DE WITTGROVE E CLARK.

Estas cirurgias, além da restrição mecânica representada pela bolsa gástrica de 30 a 50 ml, restringem a alimentação por meio de um mecanismo funcional do tipo Dumping (mal-estar provocado pela ingestão de alimentos líquidos ou pastosos hipercalóricos) e, ainda, pela exclusão da maior parte do estômago do trânsito alimentar. Com isso, o hormônio grelina, que aumenta o apetite e é produzido no estômago sob estímulo da chegada do alimento, tem sua produção minimizada.

Pode-se acrescentar um anel estreitando a passagem pelo reservatório antes da saída da bolsa para a alça jejunal – o que retarda o esvaziamento para sólidos, aumentando, ainda mais, a eficácia dos procedimentos.

VANTAGENS: perda de peso adequada e duradoura, com baixo índice de insucesso. Tratam a doença do refluxo. São eficientes em comedores de doces e têm baixo índice de complicações a longo prazo. Fácil controle metabólico e nutricional do paciente. São reversíveis, embora com dificuldade técnica. Apresentam ótimos resultados em termos de melhora da qualidade de vida e das doenças associadas. São as mais usadas no Brasil e nos Estados Unidos, com maior tempo de acompanhamento.

DESVANTAGENS: tecnicamente mais complexas; acesso limitado ao estômago e ao duodeno para métodos radiológicos e endoscópicos; passíveis de complicações como deiscência de suturas; maiores chances de deficiências protéicas e anemia do que as cirurgias restritivas.

VIA DE ACESSO: convencional (laparotômica) ou videocirurgia.

2- CIRURGIA MISTA COM MAIOR COMPONENTE DISABSORTIVO: São procedimentos que envolvem menor restrição da capacidade gástrica, o que permite maior ingestão alimentar, com predomínio do componente disabsortivo.

CIRURGIAS MAIS USADAS:

CIRURGIA DE SCOPINARO (derivação bílio-pancreática com gastrectomia distal).

CIRURGIA DE DUODENAL-SWITCH (derivação bílio-pancreática com gastrectomia vertical da grande curvatura e preservação do piloro). Nestas cirurgias o intestino delgado é seccionado a cerca de 250 cm da válvula íleo-cecal. O segmento distal é anastomosado ao estômago. O segmento proximal é anastomosado ao íleo a 50, 100 ou 150 cm da válvula íleo-cecal, dependendo da técnica escolhida.

VANTAGENS: não há restrição de alimentos ingeridos; muito eficazes em relação à perda de peso e manutenção a longo prazo; reservatório gástrico completamente acessível aos métodos de investigação radiológica e endoscópicos.

DESVANTAGENS: mais sujeitos a complicações nutricionais e metabólicas de difícil controle; maior chance de haver deficiência de vitamina B12, cálcio, e ferro; maior chance de haver desmineralização óssea; alta incidência de úlcera de boca anastomótica; aumento do número de evacuações diárias, com fezes e flatos muito fétidos.

GLOSSÁRIO AO CONTRÁRIO®©™

ácido produzido no estômago suba pelo esôfago: refluxo gastroesofágico. (p.21)

acometimento da medula e dos nervos: mielopatia e neuropatia. (p.90)

alteração do movimento dos olhos e falta de equilíbrio: síndrome de Wernicke-Korsakoff, caracterizada por nistagmo, seguido por oftalmoplegia e alterações psiquiátricas. (p.91)

alterações de funcionamento: alterações fisiológicas. (p.93)

anemia e língua careca: glossite. (p.90)

apnéia: episódio de fechamento da faringe por mais de quinze segundos. É um quadro caracterizado por roncos intensos e períodos de parada respiratória durante o sono. Isto acarreta superficialização do sono, levando a um sono não repousante e sonolência diurna. Comumente associada à obesidade, pode ser também causada por outros fatores. HAS e síndromes depressivas comumente estão associados a ela. Quadros graves estão associados a maior número de acidentes automobilísticos. É conhecida como Síndrome da Apnéia e Hipopnéia Obstrutiva do Sono (SAHOS). (p.21) *aspectos causais*: etiologia. (p.104)

atrofia do fígado: fibrose progressiva do fígado, cirrose hepática. Apesar do aumento em tamanho, a parte que funciona é pequena. (p.21)

aumento da glicose: hiperglicemia, diabetes melito (neste caso, tipo 2, pois está associado ao excesso de peso e a um início mais tardio, DM2). (p.20)

aumento das gorduras no sangue: hipercolesterolemia, hipertrigliceridemia. (p.20)

aumento da pressão: hipertensão arterial sistêmica, HAS. (p.20)

bactéria causadora de gastrites e úlceras: Helicobacter pylori, bactéria que pode infectar o revestimento mucoso do estômago humano. Muitas úlceras pépticas, alguns tipos de gastrite e de câncer do estômago são causados pela infecção por H. Pylori, apesar de que a maioria dos humanos infectados jamais chega a manifestar qualquer tipo de complicação relacionada à bactéria. Essa bactéria vive exclusivamente no estômago humano e é o único organismo conhecido capaz de colonizar esse ambiente altamente ácido. (p.69)

balão: balão intragástrico. (p.62)

banda: banda gástrica ajustável colocada por via laparoscópica. (p.60)

barriga: abdome. (p.21)

"bolas": fórmulas manipuladas contendo várias substâncias, entre anorexígenos, calmantes, diuréticos, laxantes e hormônios tireoidianos. São proibidas pelo CFM e consideradas má pratica médica. (p.28)

canal alimentar: alça alimentar. (p.51)

canal comum: alça comum. (p.51)

canal dos sucos digestivos: alça biliopancreática. (p.51)

canal que leva a bile para o intestino: colédoco. A impactação de um ou mais cálculos no colédoco é chamada coledocolitíase, e pode levar a uma colangite, que é a inflamação do canal, ou a uma colecistite aguda, que é a inflamação e infecção da vesícula biliar, provocada pela entrada de bactérias do intestino para a vesícula. Essa subida das bactérias pelo colédoco é permitida justamente pelo entupimento do calédoco pelo cálculo. (p.71)

cirurgia de redução simples do estômago: gastroplastia vertical com bandagem fixa ou cirurgia de Mason. (p.50)

colesterol: é um lipídeo (gordura) que faz parte das membranas celulares e é usado como matéria-prima para fabricação de hormônios. Um pouco de colesterol circulante vem da alimentação, mas a maior parte dele é fabricado no fígado. O colesterol é transportado no sangue por várias lipoproteínas, como as lipoproteínas de baixa e de muito baixa intensidade ("low desnsity lipoprotein" e "very low density lipoprotein", respectivamente LDL e VLDL) e a lipoproteína de alta densidade (do inglês, "high density lipoprotein" - HDL). A LDL e a VLDL são aterogênicas e prejudiciais à saúde, enquanto a HDL é protetora. Na obsesidade é comum o aumento do nível de VLDL e a redução de concentração de HDL. (p.20)

colesterol bom: HDL colesterol. (p.20)

concentração no sangue: nível sérico ou nível plasmático. (p.90)

costurada: anastomosada. (p.50)

densos: "densos" em relação à osmolaridade, ou à capacidade de esses solutos "puxarem" água de dentro dos vasos para a luz intestinal; hiperosmolares. (p.56)

dentro da barriga: intrabdominal. (p.21)

derrame: acidente vascular cerebral, AVC. Pode ser relacionado à HAS, a alterações da coagulabilidade sangüínea, entre outras causas. (p.20)

desvio jejunoileal: derivação ou bypass jejunoileal; ou cirurgia de Payne e Wind. (p.50)

digestivo: atualmente digestório. (p.48)
dilatação do coração: cardiomegalia. (p.21)
dilatação do esôfago: megaesôfago ou acalasia. (p.56)
dor na junta do dedão do pé: podagra, artrite provocada por crise de gota, ocasionada por aumento do nível de uratos. A artrite pode acometer outras articulações como cotovelos e joelhos. (p.68)
dores nas juntas: dores articulares. (p.22)
enfarte: infarto agudo do miocárdio: oclusão do "caminho" arterial do sangue para o músculo cardíaco (miocárdio) resultando em morte do tecido na região acometida, IAM. (p.20)
enjôo, rubor facial, suor e dor de barriga: síndrome do esvaziamento rápido ou "dumping". (p.56)
entupimento intestinal: oclusão intestinal. (p.31)
enviada ao cérebro por via nervosa: enviada ao cérebro através do nervo vago. (p.126)
enzimas hepáticas: a elevação da alaninoaminotransferase e da aspartatoaminotransferase indicam agressão tóxica ao fígado. (p.21)
esôfago mais fraco: redução da musculatura do esôfago; redução da contratilidade dos movimentos peristálticos. (p.38)
falência: insuficiência. (p.38)
falta de força e reflexos diminuídos nas extremidades: polineuropatia periférica (beribéri seco). (p.91)
faz a comida permanecer mais tempo no estômago e melhora a produção de insulina pelo pâncreas em resposta à alimentação: o GLP-1 diminui a velocidade de esvaziamento gástrico e é uma incretina, o que significa que evoca uma produção maior de insulina pela célula beta pancreática quando glicose é administrada por via oral do que por via intravenosa. (p.126)

fazer o tratamento vitalício adequadamente: boa adesão terapêutica. (p.30)

fechamento de pequenas porções do pulmão: atelectasias. (p.69)

fedidos: fétidos. (p.86)

fígado gorduroso: esteatose hepática, que pode evoluir para esteatoepatite (presença de inflamação) e cirrose hepática (presença de fibrose e cicatrizes, com perda de função). (p.71)

final do intestino delgado: íleo terminal. (p.126)

formigamentos: parestesias. (p.90)

gastrectomia em manga: gastrectomia restritiva vertical. Esta técnica faz parte da derivação biliopancreática com gastrectomia vertical e preservação do piloro. (p.63)

GLP-1: peptídeo semelhante ao glucagon do tipo 1. (p.126)

glicose: tipo de açúcar mais simples – $C_6H_{12}O_6$. Todos os outros açúcares (maltose, lactose, galactose, frutose etc.) são divididos por enzimas intestinais – glicosidases – que os transformam em glicose; esta, por sua vez, pode ser absorvida ao longo de todo o tubo gastrintestinal (desde a boca até o intestino). O açúcar mais comum que comemos é a sacarose (açúcar de cozinha – $C_{12}H_{22}O_{11}$), que no intestino é dividida em glicose e frutose. (p.20)

gorduras: a maior parte (98%) das gorduras que comemos (seja numa picanha, num queijo, numa fritura ou num creme) apresenta-se sob a forma de triglicérides. E a gordura que se acumula no tecido adiposo - "banha" - também está sob a forma de triglicérides. (p.20)

gordura no fígado: esteatose hepática. (p.21)

grelina: ghrelin em inglês, porque aumenta a liberação do hormônio de crescimento, GH. (p.125)

hérnia interna: o intestino é envolvido por membranas finas (peritônio) por onde chegam os vasos que o nutrem.

Durante as cirurgias essas membranas podem precisar ser atravessadas ou cortadas, restando orifícios, passagens, por onde ocasionalmente (felizmente evento raro) podem penetrar alças do intestino. Mais raramente ainda, pode ser provocada uma obstrução completa, que representa uma emergência médica, a ser resolvida cirurgicamente. (p.31)

inchaço e coração aumentado: edema e insuficiência cardíaca congestiva (beribéri úmido). (p.91)

infecção aguda da vesícula: colecistite aguda; infecção da vesícula biliar causada pela ascensão de bactérias do intestino para a vesícula. (p.71)

inflamações do estômago: gastrite; a gravidade pode variar desde gastrites leves, enantematoses, até gastrites erosivas, hemorrágicas. (p.69)

informa o cérebro: o núcleo arqueado do hipotálamo é a região do cérebro que recebe informações da leptina, da grelina e dos peptídeos produzidos no intestino, PYY e GLP-1. (p.125)

interação entre aspectos genéticos e aspectos do meio ambiente: fenótipo. (p.101)

leptina: do grego leptos (magro). A leptina é uma proteína secretada pelas células adiposas (adipócitos) e que age no sistema nervoso central, especificamente no hipotálamo, promovendo redução do apetite e aumento do gasto calórico. (p.125)

logo após a cirurgia: período perioperatório; pós-operatório imediato. (p.31)

mal-estar, enjôo, rubor facial, suor excessivo e diarréia: síndrome do esvaziamento rápido ou "dumping". (p.67)

mecanismos das doenças: fisiopatologia. (p.104)

não estão indo bem depois da cirurgia: apresentam má evolução pós-operatória. (p.31)

o corte do estômago é horizontal: derivação biliopancreática com gastrectomia distal (técnica de Scopinaro). (p.57)

o corte do estômago é vertical: derivação biliopancreática com gastrectomia vertical e preservação do piloro e do bulbo duodenal (técnica de Hess e Marceau ou duodenal switch). (p.57)

outro hormônio, produzido no começo do intestino delgado: o GIP foi inicialmente chamado de peptídeo inibitório gástrico porque parecia ter relação com a proteção do intestino proximal, onde é produzido (duodeno e jejuno proximal), contra o efeito do ácido que vem do estômago; porém, depois da descoberta do seu efeito incretínico (evoca uma produção maior de insulina pela célula beta pancreática quando glicose é administrada por via oral do que por via intravenosa), tem sido mais aceita a denominação de peptídeo insulinotrófico dependente de glicose. (p.126)

pedras na vesícula: as pedras são mais apropriadamente chamadas de cálculos. A doença é chamada de calculose biliar, litíase biliar ou colelitíase. O aumento da excreção de colesterol associado à redução da motilidade vesical durante dietas hipocalóricas eleva o risco de litogênese - a formação dos cálculos. (p.21)

pedras nos rins: nefrolitíase; o aumento da concentração de ácido úrico no sangue aumenta a chance de formação de cristais e cálculos no sistema pielocalicial. (p.68)

primeiros dias após a operação: pós-operatório imediato. (p.68)

problemas de pele: quadros dermatológicos. (p.22)

queimação no estômago e no peito: refluxo gastroesofágico, azia - causada pelo refluxo de ácido do estômago para o esôfago e a faringe. (p.21)

raios-X de mãos e punhos: idade óssea pelo método de Greulich & Pyle. (p. 44)

recomendação alimentar: RDA, limite de ingestão

recomendada por dia. (p.90)
   redução da massa óssea: osteopenia. (p.38)
   remoção cirúrgica da vesícula biliar: colecistectomia. (p.21)
   rompimento de costuras entre o estômago e o intestino com vazamento de secreções: fístulas. (p.69)
   sacarose: v. glicose. (p.20)
   secreção de outras substâncias pelas células nervosas: os principais produtos hipotalâmicos que têm sua secreção estimulada pela leptina e inibida pela grelina são a melanocortina (alfa-MSH), o CART. Por sua vez, são estimulados pela grelina e inibidos pela leptina o neuropeptídeo Y e o ARP. (p.126)
   suplementação líquida rica em proteínas e isenta de açúcar: várias marcas existente no mercado. (p.92)
   suplementos protéicos: várias marcas existentes no mercado (proteína do soro do leite bovino). (p.91)
   técnica de Fobi-Capella: gastroplastia vertical com derivação gastrojejunal e reconstrução em Y-de-Roux. (p.53)
   testes específicos: testagem neuropiscológica, uma bateria de testes que "mapeiam" o funcionamento cerebral. Nada a ver com aqueles borrões ou com desenhos de família. (p.79)
   tromboses: coágulos que entopem alguns vasos, causando interrupção da chegada de sangue para as regiões seguintes à trombose. Exemplos são a trombose venosa profunda (TVP), comum em membros inferiores e o tromboembolismo pulmonar (TEP). (p.20)
   vazamento biliar: fístula biliar, em que a bile ou secreções podem vazar por um pertuito até a pele. (p.71)
   vesícula atrofiada e cheia de cicatrizes: vesícula escleroatrófica. (p.71)

LEITURAS RECOMENDADAS

Cirurgia da obesidade, A. B. Garrido Jr., E.M. Ferraz, F.L. Barroso, J. B. Marchesini, T. Szego, Editora Atheneu, 2002.
Livro técnico, de referência mundial, com vasta cobertura sobre vários aspectos do tema.

Manual da obesidade para o clínico, A. Halpern, M. Mancini, Editora Roca, 2001.
Livro técnico, não especificamente sobre cirurgia.

Obesidade e síndrome metabólica para o clínico, A. Halpern, M. Mancini, Editora Roca, no prelo
Livro técnico, não especificamente sobre cirurgia.

Obesidade não tem cura, mas tem tratamento, A. Segal, Editora Prestígio, 2004.
Livro para leigos, não especificamente sobre cirurgia.

Psiquiatria básica, Segunda edição, M. R. Louzã Neto, H. Elkis, Artmed, 2007
Livro técnico, útil devido a aprofundamento sobre quadros psiquiátricos.

Impressão

www.pallotti.com.br